全国中等卫生职业教育规划教材

供中等卫生职业教育各专业使用

职业生涯规划

（修订版）

主　编　宋建荣

副主编　冯莉莉　熊剑峰

编　者　（以姓氏笔画为序）

冯莉莉　鄂尔多斯市卫生学校
刘　晓　重庆市医药卫生学校
杨洁玉　黑河市卫生学校
宋建荣　重庆市医药卫生学校
顾　伟　安徽省淮南卫生学校
崔　岩　郑州市卫生学校
熊剑峰　南昌市卫生学校

科学出版社

北　京

内 容 简 介

本书针对中职学生在求职就业方面存在的问题开展职业生涯和职业理想教育,引导学生树立正确的职业观念,确立合适的职业目标,提高职业生涯规划的能力,使学生在正确的职业理想指引下,根据自身特点和社会需要进行合理定位,明确职业目标,做出适合自己的职业生涯规划,为以后的就业、创业准备条件。全书共分9章,计36学时,针对卫生职业的特点和中职学生的实际状况,力求形成"科学性、针对性、实用性"的特色,在每章的开始明确学习要点,正文内容尽量做到通俗易懂,并从中适当插入"知识链接""专家提示""重点提示"和"案例",以增强趣味性,便于学生理解、接受和自觉阅读。

本书供全国中等卫生职业院校各专业使用。

图书在版编目(CIP)数据

职业生涯规划/宋建荣主编.—修订本.—北京:科学出版社,2016
全国中等卫生职业教育规划教材
ISBN 978-7-03-048646-2

Ⅰ.职… Ⅱ.宋… Ⅲ.职业选择-中等专业学校-教材 Ⅳ.G717.38

中国版本图书馆 CIP 数据核字(2016)第 127589 号

责任编辑:郝文娜 杨小玲 / 责任校对:何艳萍
责任印制:赵 博 / 封面设计:黄华斌

版权所有,违者必究。未经本社许可,数字图书馆不得使用

科学出版社 出版
北京东黄城根北街16号
邮政编码:100717
http://www.sciencep.com

大厂书文印刷有限公司 印刷
科学出版社发行 各地新华书店经销

*

2016年6月第 一 版　开本:787×1092 1/16
2016年6月第一次印刷　印张:8 1/4
字数:190 000

定价:22.00元
(如有印装质量问题,我社负责调换)

全国中等卫生职业教育规划教材
编审委员会
（修订版）

主任委员	于晓谟	毕重国	张　展		
副主任委员	封银曼	林　峰	王莉杰	代加平	邓　琪
	秦秀海	张继新	张　蕴	姚　磊	
委　　员	（以姓氏笔画为序）				
	丁来玲	王　萌	王　静	王　燕	王月秋
	王建春	王春先	王晓宏	王海燕	田廷科
	生加云	刘东升	刘冬梅	刘岩峰	安毅莉
	孙晓丹	李云芝	杨明荣	杨建芬	吴　苇
	汪　冰	宋建荣	张石在	张生玉	张伟建
	张荆辉	张彩霞	陈德荣	周洪波	周溢彪
	赵　宏	柳海滨	饶洪洋	宫国仁	姚　慧
	耿　杰	高云山	高怀军	黄力毅	符秀华
	董燕斐	韩新荣	曾建平	靳　平	潘　洁
编辑办公室	杨小玲	郝文娜	徐卓立	康丽涛	杨卫华
	车宜平				

全国中等卫生职业教育规划教材
教 材 目 录
（修订版）

1	解剖学基础	于晓谟	袁耀华	主编
2	生理学基础	柳海滨	林艳华	主编
3	病理学基础	周溢彪	刘起颖	主编
4	生物化学概论		高怀军	主编
5	病原生物与免疫学基础	饶洪洋	张晓红	主编
6	药物学基础	符秀华	付红焱	主编
7	医用化学基础	张彩霞	张 勇	主编
8	就业与创业指导	丁来玲	万东海	主编
9	职业生涯规划		宋建荣	主编
10	卫生法律法规		李云芝	主编
11	信息技术应用基础	张伟建	程正兴	主编
12	护理伦理学		王晓宏	主编
13	青少年心理健康		高云山	主编
14	营养与膳食指导	靳 平	冯 峰	主编
15	护理礼仪与人际沟通	王 燕	丁宏伟	主编
16	护理学基础	王 静	冉国英	主编
17	健康评估	张 展	袁亚红	主编
18	内科护理	董燕斐	张晓萍	主编
19	外科护理	王 萌	张继新	主编
20	妇产科护理	王春先	刘胜霞	主编
21	儿科护理	黄力毅	李砚池	主编
22	康复护理	封银曼	高 丽	主编
23	五官科护理		陈德荣	主编
24	老年护理		生加云	主编
25	中医护理	韩新荣	朱文慧	主编
26	社区护理		吴 苇	主编
27	心理与精神护理		杨明荣	主编
28	急救护理技术		杨建芬	主编
29	护理专业技术实训		曾建平	主编
30	产科护理	潘 洁	李民华	主编
31	妇科护理	王月秋	吴晓琴	主编
32	母婴保健	王海燕	王莉杰	主编
33	遗传与优生学基础	田廷科	赵文忠	主编

全国中等卫生职业教育规划教材
修 订 说 明

《全国中等卫生职业教育规划教材(护理、助产专业)》在编委会的组织下,在全国各个卫生职业院校的支持下,从2009年发行至今,已经走过了8个不平凡的春秋。在8年的教学实践中,教材作为传播知识的有效载体,遵照其实用性、针对性和先进性的创新编写宗旨,落实了《国务院关于大力发展职业教育的决定》精神,贯彻了《护士条例》,受到了卫生职业院校及学生的赞誉和厚爱,实现了编写精品教材的目的。

这次修订再版是在前两版的基础上进行的。编委会全面审视前两版教材后,讨论制定了一系列相关的修订方针。

1. 修订的指导思想　实践卫生职业教育改革与创新,突出职业教育特点,紧贴护理、助产专业,有利于执业资格获取和就业市场。在教学方法上,提倡自主和网络互动学习,引导和鼓励学生亲身经历和体验。

2. 修订的基本思路　首先,调整知识体系与教学内容,使基础课更侧重于对专业课知识点的支持、利于知识扩展和学生继续学习的需要,专业课则紧贴护理、助产专业的岗位需求、职业考试的导向;其次,纠正前两版教材在教学实践中发现的问题;最后,调整教学内容的呈现方式,根据年龄特点、接受知识的能力和学习兴趣,注意纸质、电子、网络的结合,文字、图像、动画和视频的结合。

3. 修订的基本原则　继续保持前两版教材内容的稳定性和知识结构的连续性,同时对部分内容进行修订和补充,避免教材之间出现重复及知识的棚架现象。修订重点放在四个方面:①根据近几年新颁布的卫生法规和卫生事业发展规划及人民健康标准,补充学科的新知识、新理论等内容;②根据卫生技术应用型人才今后的发展方向,人才市场需求标准,结合执业考试大纲要求增补针对性、实用性内容;③根据近几年的使用中读者的建议,修正、完善学科内容,保持其先进性;④根据学生的年龄和认知能力及态度,进一步创新编写形式和内容呈现方式,以更有效地服务于教学。

现在,经过全体编者的努力,新版教材正式出版了。教材共涉及33门课程,可供护理、助产及其他相关医学类专业的教学和执业考试选用,从2016年秋季开始向全国卫生职业院校供应。修订的教材面目一新,具有以下创新特色。

1. 编写形式创新　　在保留"重点提示,适时点拨"的同时,增加了对重要知识点/考点的强化和提醒。对内容中所有重要的知识点/考点均做了统一提取,标列在相关数字化辅助教材中以引起学生重视,帮助学生拓展、加固所学的课程知识。原有的"讨论与思考"栏目也根据历年护士执业考试知识点的出现频度和教学要求做了重新设计,写出了许多思考性强的问题,以促进学生理论联系实际和提高独立思考的能力。

2. 内容呈现方式创新　　为方便学生自学和网络交互学习,也为今后方便开展慕课、微课等学习,除了纸质教材外,本版教材创新性提供了手机版APP数字化辅助教材和网络教学资源。其中网络教学资源是通过网站形式提供教学大纲和学时分配以及讲课所需的PPT课件(包含图表、影像等),手机版数字化教辅则通过扫描二维码下载APP,帮助学生复习各章节的知识点/考点,并收集了大量针对性强的各类练习题(每章不低于10题,每考点1~5题,选择题占60%以上,专业考试科目中的案例题不低于30%,并有一定数量的综合题),还有根据历年护士执业考试调研后组成的模拟试卷等,极大地提高了教材内涵,丰富了学习实践活动。

我们希望通过本次修订使新版教材更上一层楼,不仅继承发扬该套教材的针对性、实用性和先进性,而且确保其能够真正成为医学教材中的精品,为卫生职教的教学改革和人才培养做出应有的贡献。

本套教材第1版和第2版由军队的医学专业出版社出版。为了配合当前实际情况,使教材不间断地向各地方院校供应,根据编委会的要求,修订版由科学出版社出版,以便为各相关地方院校做好持续的出版服务。

感谢本系列教材修订中全国各卫生职业院校的大力支持和付出,希望各院校在使用过程中继续总结经验,使教材不断得到完善和提高,打造真正的精品,更好地服务于学生。

编委会
2016年6月

修订版前言

同学们告别了初中生活,满怀希望地走进职业学校,开始编织放飞的梦想,为将要从事的职业而做必要的准备。这是学生人生的一次重大转折,是走上职业道路的一个新起点。同时,也标志着职业生涯正式开始,但是,职业的含义是什么,也许学生并不清楚,对即将从事的职业一知半解,对未来的职业道路感到迷茫,更不知道实现自己的职业理想,还需要制订职业规划。

为此,我们根据教育部《关于中等职业学校德育课程设置与教学安排的意见》和卫生部《关于加强卫生职业教育的指导意见》,编写了《职业生涯规划》这本教材,此次在前两版的基础上,根据使用本教材的院校及授课老师的反馈意见重新进行了修订,着重对中职学生在求职就业方面所存在的问题,开展职业生涯和职业理想教育,引导学生树立正确的职业观念,确立合适的职业目标,提高职业生涯规划的能力,使学生在正确的职业理想指引下,根据自身特点和社会需要进行合理定位,明确职业目标,做出适合自己的职业生涯规划,为以后的就业、创业准备条件。

本书遵循贴近实际、贴近学生的原则,从中等卫生职业教育的实际出发,针对卫生职业的特点和中职学生的实际状况,力求形成"科学性、针对性、实用性"的特色,在每章的开始明确学习要点,正文内容尽量做到通俗易懂,并从中适当插入"知识链接""专家提示""重点提示"和"案例"以增强趣味性,便于学生理解、接受和自觉阅读。

本书共分9章,共计36学时,每章教学学时分配如下表。

内容		参考学时
第1章	绪论	2学时
第2章	职业与职业素质	4学时
第3章	职业生涯规划与职业理想	4学时
第4章	职业生涯规划基本理论	2学时
第5章	影响职业生涯规划的因素	6学时
第6章	职业生涯发展规划的制订与实施	6学时
第7章	职业心理与职业个性	4学时
第8章	职业生涯发展与就业、创业	4学时
第9章	职业生涯规划的管理与调整	4学时

在编写过程中，我们得到了各位编者所在学校的大力支持，得到了科学出版社领导和编辑的精心指导，在此表示感谢！

由于编者学识水平和能力所限，书中可能存在一些不足之处，殷切希望各位同仁和读者批评指正，以便进一步修订完善。

编　者

2016 年 6 月

目 录

第1章 绪论 …………………………… (1)
  第一节 职业生涯规划概述 ……… (1)
    一、生涯与职业生涯 ……………… (1)
    二、规划与职业生涯规划 ………… (2)
  第二节 职业生涯规划的目的、内容和意义 …………………………… (3)
    一、职业生涯规划的目的 ………… (3)
    二、职业生涯规划的内容 ………… (4)
    三、职业生涯规划的意义 ………… (5)

第2章 职业与职业素质 ……………… (8)
  第一节 职业的认知 ……………… (8)
    一、职业与行业、产业的区别和联系 ………………………………… (8)
    二、职业的特点与分类 …………… (9)
    三、职业的作用 ………………… (10)
    四、未来职业的发展趋势 ……… (11)
  第二节 职业素质 ……………… (12)
    一、职业素质的内涵与特征 …… (12)
    二、职业素质的构成 …………… (13)

第3章 职业生涯规划与职业理想 …………………………………… (17)
  第一节 面向未来的职业生涯规划 …………………………………… (17)
    一、职业生涯规划概述 ………… (18)
    二、职业生涯规划的类型 ……… (20)
    三、职业生涯规划的重要性 …… (21)
    四、中职生职业生涯规划的特点 …………………………………… (21)
  第二节 职业理想的作用 ……… (22)
    一、理想与职业理想 …………… (23)
    二、职业理想对人生发展的作用 …………………………………… (24)
    三、职业理想对社会发展的作用 …………………………………… (25)
    四、职业生涯规划与职业理想的实现 …………………………… (27)

第4章 职业生涯规划基本理论 …… (29)
  第一节 人-职匹配理论 ………… (29)
    一、帕森斯的特质因素论 ……… (30)
    二、霍兰德的人格类型论 ……… (31)
  第二节 职业生涯发展理论 …… (33)
    一、萨柏的职业生涯发展理论 … (33)
    二、金斯伯格的职业生涯发展理论 …………………………… (34)

第5章 影响职业生涯规划的因素 …………………………………… (36)
  第一节 专业因素 ……………… (36)
    一、专业与其对应的职业群 …… (36)
    二、职业资格与职业生涯发展 … (38)
    三、树立正确的成才观 ………… (39)
  第二节 个人因素 ……………… (41)
    一、职业兴趣的探索与培养 …… (41)
    二、性格剖析与调适 …………… (44)
    三、能力分析与提高 …………… (47)
    四、职业价值取向分析与调整 …………………………………… (48)
    五、个人学习状况和行为习惯分析与改善 …………………………… (50)
  第三节 家庭与社会因素 ……… (51)
    一、家庭状况 …………………… (52)
    二、企业和行业环境 …………… (53)
    三、区域经济 …………………… (54)

第6章 职业生涯发展规划的制订与实施 ……………………………… (56)
  第一节 职业生涯发展的目标 … (56)
    一、职业生涯发展目标的构成 … (56)

二、职业生涯发展目标的选择 … (58)
　　三、职业生涯发展目标必须符合发
　　　　展条件 …………………… (60)
　第二节　职业生涯规划的设计 …… (61)
　　一、职业生涯规划的原则 ……… (61)
　　二、职业生涯规划的步骤 ……… (62)
　　三、阶段性发展目标的特点和设计
　　　　思路 ……………………… (65)
　第三节　职业生涯发展规划的实施
　　　　……………………………… (71)
　　一、制订职业生涯发展措施的重要性
　　　　……………………………… (71)
　　二、制订职业生涯发展措施的三要素
　　　　……………………………… (73)
　　三、近期目标的实施与评价 …… (76)

第7章　职业心理与职业个性 ……… (78)
　第一节　中职学生心理与个性概述
　　　　……………………………… (78)
　　一、中职学生心理发展概述 …… (79)
　　二、中职学生个性的概述 ……… (80)
　第二节　职业心理与自我定位 …… (82)
　　一、职业心理分析 ……………… (82)
　　二、职业规划中的自我定位 …… (85)
　第三节　择业心理 ………………… (86)
　　一、中职学生择业心理分析 …… (86)
　　二、中职学生择业心理调适的意义
　　　　及心态 …………………… (87)
　　三、中职学生择业心理调适的方法
　　　　……………………………… (88)

第8章　职业生涯发展与就业、创业
　　　　……………………………… (91)
　第一节　正确认识就业 …………… (91)
　　一、树立正确的就业观 ………… (91)
　　二、认真分析就业形势 ………… (92)
　　三、学会拓宽就业渠道 ………… (92)
　　四、职业适应 …………………… (93)
　第二节　求职策略与技巧 ………… (95)

　　一、自我推销 …………………… (95)
　　二、面试技巧与求职礼仪 ……… (97)
　　三、笔试 ……………………… (100)
　　四、识别求职陷阱 …………… (100)
　第三节　创业 …………………… (101)
　　一、创业是就业的重要形式 … (101)
　　二、创业者应有的素质和能力
　　　　……………………………… (101)
　　三、中职学生创业的优势 …… (102)
　　四、创业计划书 ……………… (102)

第9章　职业生涯规划的管理与调整
　　　　……………………………… (104)
　第一节　科学管理职业生涯规划
　　　　……………………………… (104)
　　一、管理使职业生涯规划得以
　　　　科学落实 ………………… (104)
　　二、职业生涯规划管理必须落到
　　　　实处 ……………………… (106)
　　三、珍惜校园时光,为职业发展
　　　　打好基础 ………………… (109)
　第二节　审时度势调整职业生涯规划
　　　　……………………………… (110)
　　一、适时调整规划的必要性及原则
　　　　……………………………… (110)
　　二、把握职业生涯规划调整的时机
　　　　……………………………… (111)
　　三、调整职业生涯规划的方法 … (112)
　第三节　科学评价规划,促进职业生涯
　　　　发展 ……………………… (113)
　　一、多元化的职业生涯评价观
　　　　……………………………… (113)
　　二、评价职业生涯成功的形式
　　　　……………………………… (114)
　　三、中职生如何评价自身的职业
　　　　生涯规划 ………………… (116)

《职业生涯规划》数字化辅助教学
资料 ……………………………… (119)

第 1 章 绪　论

> **学习要点**
> 1. 职业生涯规划的概念
> 2. 职业生涯发展规划的目的
> 3. 职业生涯发展规划的内容
> 4. 职业生涯发展规划的意义

第一节　职业生涯规划概述

对于刚刚走进中职学校大门的学生来说，职业生涯规划是一个非常模糊的概念，或许根本就没听说过"职业生涯规划"这个词，更谈不上对自己未来的职业生涯进行规划了。其实关于职业生涯规划，并不像一些人所说的那样玄奥，只要你掌握了职业生涯规划的基本知识，并对自己有一个基本认识，知道自己能干什么，该干什么，同时掌握一定的方法，你就能对自己的职业生涯做出可行的规划，为自己未来的职业生涯描绘出一幅美好蓝图。

一、生涯与职业生涯

"生涯"是什么？"生"就是生命、人生的意思；"涯"是尽头，边界的意思；"生"与"涯"合在一起，就是人生的边界，有生之年的意思。《现代汉语词典》将生涯定义为"从事某种活动或职业的生活。"

生涯是一个人的生活形态，包含与个人工作生活有关的所有活动，生涯就是人的生命历程。首先，每个人的生涯是各不相同的。因为各自的条件不同、理想不同，职业的选择也各不相同。即便是选择了相同的职业，甚至有着相同的职业发展轨迹，但为实现职业理想所做出的努力程度也不会完全相同。其次，生涯是一个不断发展的过程，生涯伴随着个人的成长而发展。再次，生涯作为一个动态发展的过程贯穿每个人的一生，直至生涯的结束。

职业生涯是一个人终生的职业经历，指一个人一生中所有与职业相关的活动过程，也是一个人一生中职业、职位的变迁及工作、理想的实现过程。在这个过程中，不论职位高低，不论成功与否,每个工作着的人都有自己的职业生涯。

> **重点提示**
> 职业生涯是一个人过去、现在和未来连续从事的职业的发展过程。

职业生涯是人一生最主要的职业历程,有着种种不同的可能:有的人从事这种职业,有的人从事那种职业;有的人一生变换多种职业,有的人终身位于一个岗位上;有的人不断追求、事业成功,有的人穷困潦倒、无所作为。造成人们职业生涯的差异,既有个人能力、心理、机遇方面的问题,也有社会、政治、经济因素的影响。职业生涯是个人实现职业愿望的主要体现,因此,如何规划自己的职业生涯,是我们无法回避和需要解决的现实问题。

二、规划与职业生涯规划

前面我们探讨了"职业生涯"的概念,在开始"职业生涯规划"的话题之前,先来看看什么是"规划"。

规划是人类独有的智慧,表现了人对自己、对环境的把握和掌控能力。简单地说,规划就是在考虑各种可能性之后,形成一个希望达到的目标,根据目标制订行动计划,依照计划执行并不断修正的过程。由此可以看出,规划是面向未来的,是一个从思考到行动的过程,要根据出现的新情况及时修正,而不是一成不变的。

职业生涯规划也叫"职业规划"。在学术界人们也称"生涯规划",也有一些人用"人生规划"来称呼,其实表达的都是同样的内容。在社会迈入工业化以前,职业的种类较少,通常都是父母传授给子女,或由学徒直接向师傅学习,因此并不存在择业的问题。自产业革命之后,工业科技日渐发达,生产过程日渐复杂,产品种类大量增加,行业种类与职业更复杂、更专业。目前职业已有三万多种,年轻人凭自己的经验很难洞悉各种职业的内容及分类,而父母也难具有专业化的知识,来协助子女选择适当的职业。因此,辅导年轻人择业的责任,就由家庭转移到学校及社会就业辅导机构。职业选择是否适当,对年轻人而言,将影响其将来事业的成败以及一生的幸福;对社会而言,能决定社会人力供需是否平衡。如果每个人都有适当的职业,不仅每个人都有美好的发展前途,而且社会也因此繁荣昌盛;相反,则个人生活贫困,社会问题丛生。

职业生涯规划要求根据自身的兴趣、能力和特点,将自己定位在一个最能发挥自己长处的位置,选择最适合自己能力的职业。职业定位是决定职业生涯成败的关键,同时也是职业生涯规划的起点。

> **专家提示**
> 制订切合自身实际的职业生涯规划,使自己的职业发展有目标,有方向,并沿着这个方向不断努力,才能取得职业生涯的成功。

职业生涯规划并不是一个单纯的概念,它与个体所处的家庭、组织以及社会环境存在密切的关系。随着一个人的价值观、家庭环境、社会环境的变化,其职业期望也会随之变化,因此它又是一个动态变化的过程。对于个体来说,职业生涯规划的好坏必将影响整个生命历程。我们常常提到的成功与失败,不过就是所设定目标的实现与否,目标是决定成败的关键。人生目标是多样的,有生活质量目标、职业发展目标、人际关系目标等,这些目标之间相互交织,职业发展目标居于中心位置,这个目标的实现与否,直接引起成就与挫折、愉快与惆怅的不同感受,影响着生命的质量。

> **重点提示**
>
> 职业生涯规划就是规划人生的远景,彩绘生命的蓝图,发挥自己的才能,写出人生的剧本。

第二节 职业生涯规划的目的、内容和意义

职业生涯规划是新时代的潮流、现代人的课题,在当今社会已经成为职业人的一种时尚。可这个话题对于我们这些刚刚走进中职学校的学生来说却是非常陌生的,因此,明确职业生涯规划的目的,了解职业生涯规划的内涵,学会制订职业生涯规划,对于我们今后的职业发展具有十分重要的现实意义。

一、职业生涯规划的目的

为什么要规划自己的职业生涯?这里有一个小故事与同学们分享。小红与小芳是小学到初中的同学,又一起进入一所卫生学校护理专业学习。毕业后小红考上大专继续深造,之后进入医院当护士,在工作中爱岗敬业、刻苦钻研,业务上精益求精,事业上小有成就,不仅晋升了主管护师职称,而且还当上了护士长。小芳先是到一家医院应聘当了护士,由于缺乏工作热情和责任心,几次差错事故都没有吸取教训,进而发生了责任事故而被解聘。之后到药店做销售员,因待遇不高而辞职;做医疗器械的销售,又因性格过于内向,缺乏人际沟通能力,因业绩太差被辞退。迫于生活的压力,她不得不到宾馆当服务员。

从上面的小故事可以看出,小红在职场上取得的成就源于对职业的合理规划,而小芳的失败显然是由于没有对自己的人生进行合理的规划,即便当上了护士,也因为不热爱护理工作、粗心大意而发生差错事故;当药品销售员又不切实际地片面追求待遇,做医疗器械销售工作又不调适性格。由此可见,一个没有规划的人生,在事业上是很容易失败的。

我们要想在未来职业生涯中有所作为,必须制订出一个切合实际的职业生涯规划,这样做的目的有两个。

第一,帮助个人发展属于自己的独特的生活形态,找到一份适合自己的工作,实现自己的职业目标。每个人都有自己的生活理想,比如有的人喜欢紧张和富有挑战性的生活,把追求事业成功作为人生最大的快乐和目标;有的人则喜欢轻松悠闲的生活,希望有更多的时间与家人在一起,享受天伦之乐。而这些愿望的实现,就要弄清自己想要干什么、能干什么,自己的兴趣、才能、学识适合干什么,然后在众多的职业中,找到最适合自己的那份工作,并努力奋斗去实现自己的职业目标。职业生涯规划就像大海航行中的灯塔,使我们能够始终把握前行的方向,坚定自己的步伐,发掘自己迎接困难和挑战的潜力。

第二,帮助个人真正了解自己,筹划未来,找到符合自己特点而又可行的职业生涯发展

方向。人生最重要的事,不是你现在站在何处,而是你今后要朝哪个方向发展。只要方向对头,找对了路线,就不怕山高路远。我们在年轻的时候,如果能够制订好职业生涯规划,并进行职业生涯规划的有效管理,那么,就一定能够达到自己的人生目标,实现自己的人生理想。

二、职业生涯规划的内容

职业生涯规划目的的实现,一般来说,需要采取以下步骤。

第一步知己。认识自己是怎样的人,包括自身的学历、阅历、能力、兴趣爱好、个性特征、价值观、家庭及社会背景,希望自己未来成为怎样的人,了解自己有什么优势,存在哪些不足,这样才能使自己的生涯规划切合自身实际。

第二步知彼。了解社会需要什么,存在哪些发展机会,包括所选职业的特点和要求、职业的能力需求、岗位的具体内容、职业的发展前景、人才的市场状况、工作待遇及择业渠道等,这样才能使自己的生涯规划不至于脱离社会实际。

第三步抉择。在知己、知彼的基础上,通过综合分析和判断,做出正确的选择和决定,确定切合自身实际,又与社会需要相适应的职业生涯目标。

> **重点提示**
>
> 只有在充分认识自己、了解社会的基础上,才能给自己一个合理的定位,确立适合自己的职业目标。

以上三个步骤包含了四项重要的内容。

(一) 了解自己

每个人都有自己的梦想,为了实现它,我们努力着,即便遇到了困难或遭受挫折,也不会气馁,那是因为我们对它有兴趣。爱因斯坦有句名言:"兴趣是最好的老师",凡事有了兴趣,就有了良好的开端,就会为之而不懈努力。但是我们也必须知道,努力未必一定能够成功,一个人如想做好一件事,只有兴趣是不够的,尤其是面对未来的职业。成功职业生涯规划是从了解自己开始的,只有对自己的兴趣、能力、价值观等有了清晰和明确的认识,才能找到自己的职业方向和目标,设计出适合自己的职业规划,从而使自己的志向成为切实可行的理想。因为你知道,只有"适合自己的"才是最好的,一份工作只有与自己的兴趣、性格、能力、价值观相适应,才能够发挥自己的潜力,才会使自己感受到成功后的喜悦。

了解自己将给你的生涯追求增添自信和动力。因为你不是凭着一时的冲动和幻想,而是顺应自己的志趣,发挥自己的优势和特长,所以你能够面对生涯中的挑战和困难,朝着职业生涯目标奋力前行。

(二) 认识职业

也许你会说:"只要我喜欢、只要我努力,就没有达不到的目标。"这样的豪言壮语虽然能够激励你的斗志,鼓舞你的信心,但即便你为此付出了十分的努力,也未必一定能够取得成功。也就是说,一个人仅仅是了解自己是远远不够的,因为我们生活中的这个世界很现实,我们虽然可以通过自己主观的努力来拓展职业发展的空间,职业也能给你提供一个施展自己才能的舞台,但由于职业对职业人有着种种要求和制约,这将极大地影响到你的目标的实现。因此,我们不仅需要了解自己,还需要了解职业的意义、种类、形态和社会的需求,这样才能找到真正适合自己的职业。

(三)做自己的主人

在了解自己、认识职业、了解社会的基础上,我们要着眼于未来的职业生涯,培养自己对众多事物的兴趣,增强对陌生事物的好奇心,主动适应职业要求,珍惜发展机会,而不是不顾自身实际、异想天开,把自己的职业设计得过于理想化,因为这样的规划是不可能完全实现的。人的一生将会经历好几个阶段,在不同的阶段会有不同的人生主题,比如学生,学习便是我们的主题,进入社会,工作、婚姻和家庭将逐渐成为生活的重心。所以,在人生的不同阶段,需要我们去了解人生发展阶段的变化,学习管理职业生涯的方法,培养自己职业生涯发展的能力,做自己人生的真正主人。

(四)学习做决定的方法

我们每天都在为自己的衣食琐事做决定,比如早餐吃面包,还是馒头?今天穿红裙子,还是白衬衫?无论小的决定,还是大的抉择,都是根据诸多有可能的选项进行选择。在职业生涯规划中,我们不论是了解自己、认识职业,还是培养做自己人生的主人,都是为了帮助自己了解摆在面前可供选择的方案,进而做出正确的抉择和决定,然后根据这一决定开始下一步的行动。

做决定是职业生涯规划中的关键一步。因为我们的人生只有一次,光阴流逝不复还,所以我们做出的重大决定对职业生涯的影响往往是不可逆转的。为了使我们能够做出最适合自己的决定,而不是草率跟风、人云亦云,我们需要学习做决定的方法,迈好职业生涯中关键的一步。

经 典 寓 言

有三个人被判入狱三年,监狱长许诺满足每人一个要求。美国人爱抽雪茄,要了三箱雪茄;法国人最浪漫,要一个美丽的女子相伴;而犹太人要了一部与外界沟通的电话。三年过后,第一个冲出来的是美国人,嘴里、鼻孔里塞满了雪茄,大喊道:"给我火,给我火!"原来他忘了要火了。接着出来的是法国人,只见他手里抱着一个小孩子,美丽女子手里牵着一个小孩子,肚子里还怀着第三个。最后出来的是犹太人,他紧紧握住监狱长的手说:"这三年来我每天与外界联系,我的生意不但没有停顿,反而利润增长了200%,为了表示感谢,我送你一辆劳施莱斯!"

故事寓意:什么样的选择决定什么样的生活。今天的生活是由三年前我们的选择决定的,而今天我们的抉择将决定我们三年后的生活。

三、职业生涯规划的意义

有这样一则趣闻:项羽被打败了,说道:"天亡我也!"孟子找到了工作,说道:"天将降大任于斯人也!"这说明他们在遇到问题的时候,都认为是上天决定的,而不是由自己把握的。其实,一个人的生涯,不论"失败"与"成功",都是由自己决定的,与天没有什么关系。中国虽然有"谋事在人,成事在天"这样一句俗话,但这可不是听天由命的意思,而是告诉我们谋事需要制订规划,成事需要把握机遇,只有天人合一才能事业有成。我们开设职业生涯规划这门课程,就是要帮助同学们学会制订职业规划,提高职业素质和能力,掌握必要的求职、择业方法,认识就业形势,做好适应社会、融入社会的准备。

(一)有利于确立个人职业发展目标

凡事预则立,不预则废。人生需要有前进的方向和目标,没有目标,就好像在大海里航行的船只失去了方向。有的人在职业选择或求职过程中,没有自己的主见,哪里人多去哪里,哪个职业热门选哪个,而不是根据自身特点和社会需求去分析和选择,导致在择业过程中盲目从众,即便就业了也是频繁调换工作,难有长远发展,其原因就是没有明确的职业目标。

职业生涯规划能够帮助我们进行自我分析,全面认识自己,综合评估自己的能力,了解自己的性格特点和兴趣,明确自己的优势,找出自身不足,规划适合自己的职业发展路线,确立职业发展目标。一个人的事业向哪个方向发展,只有通过制订职业生涯规划来明确。有了明确的目标,才能帮助我们从现在走向未来,激励我们去奋斗,并积极创造条件去实现目标,以免漫无目标四处漂浮,随波逐流。

> **专家提示**
>
> 只有制订职业生涯规划,才会有明确的人生奋斗目标。

(二)有利于个人潜能的挖掘和实力的增强

一份行之有效的职业生涯规划将会引导你正确认识自身的个性特质、潜能、优势和不足,分析现有与潜在的资源优势;引导你对自己的综合优势与劣势进行对比分析,明确需要补充的知识和技能,提高自己的职业素质;帮助你制订有利于自身发展的计划,树立职业目标与职业理想;引导你发现个人目标与现实之间的差距,让你更加珍惜现在的学习机会,不断提高自身的整体素质和实力;引导你把握前瞻与实际相结合的职业定位,搜索或发现新的或有潜力的职业机会;使你学会如何运用科学的方法采取可行的步骤与措施,不断增强你的职业竞争力,实现自己的职业目标与理想。

把握自己,争取成功。职业生涯规划既要认识自己,又要确定目标,这些问题解决好了,也就把握住了自己。如何从一个学生转变成一个合格的医务人员,对于我们来说,还有很长的一段路要走。现实社会竞争的残酷性,要求每个人不仅要认识自己,还要看清前方,快速地成长起来。在这个成长的过程中,可以有困惑,可以有迷茫,但绝不允许放弃努力。

(三)有利于提升应对竞争的能力

当今社会处处充满着竞争,要想立于不败之地,就必须设计好自己的职业生涯规划,做到心中有数。但有的人没有充分认识到职业生涯规划的重要性,认为只要技术好能力强就可以找到工作,职业生涯规划纯属纸上谈兵,花费这些心思还不如多找两家招聘单位。由于没有制定职业生涯规划,毕业以后他们虽然非常努力地到处找工作,结果事与愿违,浪费了大量的时间和精力,只能感叹招聘单位有眼无珠,叹息自己无用武之地。要想自己有一个美好的未来,必须未雨绸缪,先做好适合自己的职业生涯规划。有了清晰的认识与明确的目标之后,再把求职活动付诸实践,这样的效果要好得多,胜算要大得多。

知识链接

某心理学家对6万名各行业人士进行问卷调查后发现,成功人士和对自己生活满意的人有一个共同特点:他们都制订有详细的人生规划。职业生涯规划是事业成功的基本前提;没有规划,不仅成功的事业无从谈起,而且也不会有幸福的生活。

讨论与思考

1. 简述职业生涯规划的概念。
2. 职业生涯规划的目的是什么?
3. 职业生涯规划的主要内容有哪些?
4. 职业生涯规划的意义是什么?

(宋建荣)

第 2 章

职业与职业素质

学习要点
1. 职业的含义与作用
2. 职业素质的内涵与特征
3. 职业素质的构成
4. 未来职业的发展趋势

第一节　职业的认知

现代社会是由职业编织而成的一张"网",任何人要想独立于社会之外生活,都是不可想象的。为了生活的需要,每个人都要从事某一职业,用自己的劳动成果,换取生活必需的物质与精神产品。同学们今后步入社会,都要选择一份适合自己的职业,无一例外地成为一名职业人。

什么叫职业,职业对于个人与社会的作用是什么,是我们本节讨论的主要内容。

一、职业与行业、产业的区别和联系

(一)职业

职业是指人们为了生存和发展而从事的相对稳定的、有合法经济收入的社会劳动。职业是一个人的社会地位的象征,说明一个人拥有的权利、应尽的义务和担负的职责,是人们生活方式、经济状况、行为模式和思想情操的综合反映。

职业的含义包括以下几个要素。

第一,有工作:有事可为,职业是随着社会分工而出现的工作门类。

第二,有收入:人们通过职业活动创造了价值,理所应当获得劳动报酬。稳定的收入,是职业劳动区别于其他劳动的主要特征。收入必须符合国家法律法规和有关政策的规定,从事违法活动的人,必将受到法律的制裁。

第三,有时限:职业活动必须具有长期性和连续性的特征,偶然或短期从事某种劳动,不能

算作职业。如：护士小李喜欢唱歌，偶尔会到朋友开的酒吧驻唱，并获得一定报酬，我们不能说小李的职业是酒吧驻唱，她的职业还是护士。

第四，有职责：所有的职业都担当着不同的社会角色，承担着相应的社会责任和义务，并得到社会承认。如：护士的责任是为患者提供优质服务；教师的职责是教书育人。

总之，职业是个人与社会的连接点。每个劳动者通过职业活动来维持和促进社会的发展，并取得一定的报酬来维持生活。在职业活动中，谋生是基础，发展是目标。职业是实现人生价值和自我完善的途径。

案例

快乐的小霞

小霞作为一名护士，每个月都有固定的收入，个人和家庭生活很有保障。小霞的性格热情活泼，善于与人沟通，专业技能也比较突出。从事护理工作多年来，她因为工作表现好获得了领导和同事及患者家属的肯定和赞扬，还曾被评为先进护士。每当看见一个个经她护理的患者康复出院，小霞觉得特别欣慰和有意义，为自己从事的职业感到骄傲。

思考：通过小霞的故事，具体说明职业含义的四个要素是什么？

（二）行业

行业是指从事相同性质的职业活动的集合。随着科技的进步和社会的发展，我国形成的行业越来越多，如：饮食行业、服装行业、机械行业、医疗卫生行业、金融行业、教育行业、经贸行业、社会服务业、社会管理业、文化与休闲业等。

（三）产业

产业是指一切从事物质产品生产的行业和部门。社会经济发展的历程，是从农业经济到工业经济再到知识经济，依其顺序国家统计局把我国产业划分为三大产业。

第一产业：农业（包括林业、牧业、渔业）。

第二产业：工业（包括采掘业、制造业、自来水、电力、蒸汽、煤气）和建筑业。

第三产业：服务业（包括商业、金融、教育、卫生、信息、旅游、餐饮、行政公益事业）。

近些年，随着电子信息技术的飞速发展，社会进入信息时代，电子信息技术深刻影响着经济与社会生活方方面面，已经形成了一个不可忽视的产业，即信息产业，国内外经济界称之为第四产业。

对我国产业、行业进行系统分类，便于国家科学地制订产业、行业政策，对我国宏观经济进行有效调控。

> **专家提示**
>
> 了解我国对于产业、行业分类的意义，理解产业、行业与职业三者的关系，将更好地了解社会结构，明确自己今后的职业定位与选择。只有学习和掌握相应的专业知识与技能，才能在将来更好地适应社会需求，从容面对各种挑战。

二、职业的特点与分类

（一）职业的特点

1. **专业性** 职业是人们从事的专门业务，都有其技术规范，从业者必须具备相应的专业知识、能力和职业道德品质,需要接受专门的教育和训练,以适应职业的专业性要求。

2. 时代性　指职业随着时代的变化而变化,不同的时代有不同的热门职业。职业的划分体现着时代的气息,越来越细而又相互交叉、整合,具有明显的时代性。

3. 稳定性　指一种职业产生后会相对稳定地存在一个时期,有的职业还将会长期存在。

4. 多样性　随着生产力的发展,产业结构的调整,社会分工越来越细,职业的分类越来越多,新的行业不断涌现,新的职业不断产生。

(二)职业的分类

职业的分类是指运用一定的标准和方法,对工作的种类和性质进行的划分。职业分类是形成产业结构,制订产业政策的前提,是人们了解职业、认识职业和选择职业的基础。

任何一种职业都归属于国民经济中某一产业的某一行业,职业类别也是按产业、行业类型来划分的,产业-行业-职业的划分见图2-1。

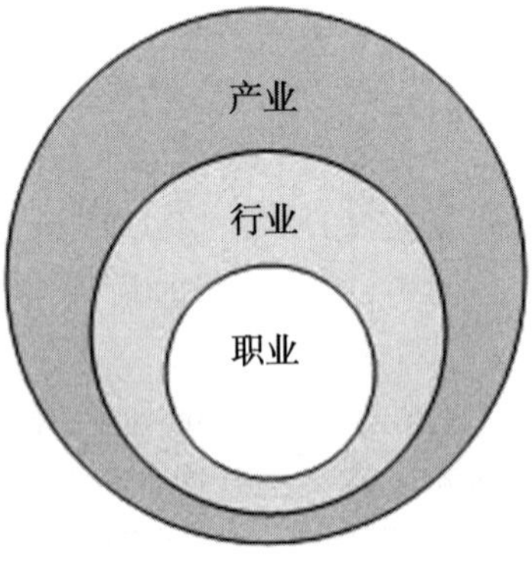

《中华人民共和国职业分类大典》将我国职业归为8个大类,66个中类,413个小类,1838个细类(职业)。8个大类分别如下。

1. 第一大类　国家机关、党群组织、企业事业单位负责人。

2. 第二大类　即专业技术类。

3. 第三大类　办事人员及有关人员。

4. 第四大类　商业及服务业人员。

5. 第五大类　农、林、牧、渔及水利业生产人员。

6. 第六大类　生产、运输设备操作人员及有关人员。

7. 第七大类　军人。

8. 第八大类　不便分类的其他从业人员。

图2-1　产业-行业-职业划分

科学的职业分类反映了国民经济的行业结构,可以为就业指导部门开展就业咨询和职业指导工作提供依据,为求职者提供职业信息和就业、择业指导。

思考:护士属于国民经济中的哪个产业?哪个行业?属于职业的哪一大类?

三、职业的作用

职业是人谋生的一种手段,没有职业,人就无法生存,社会也就不复存在。生活在社会中的人,通过劳动为社会创造了财富,也为自己的生存和发展创造了条件,这就是职业的作用。

1. 从个人角度来看,职业的作用概括为以下几个方面。

(1)职业是个人获得经济收入的来源,保障个人物质需求,维持家庭生活的手段。

(2)职业是个人充分发挥知识与技能、展示个人兴趣与特长、促进个性发展的舞台。

(3)职业是个人获得名誉、权力、地位等,满足精神需求的源泉。

(4)职业是个人服务社会、体现人生价值的途径。

2. 从社会角度来看,职业的作用主要有以下几个方面。

(1)职业是社会存在的基础。

(2)职业是社会发展的动力,是构成社会经济制度运行的主体。

(3) 职业是维持社会稳定，实现社会控制的手段。

个人作为社会这个人类的共同体中的一分子，衣食、荣辱关乎社会稳定与发展。而职业作为个人与社会联系的纽带，承载着个人的现实与梦想，提供了满足个人需求和愿望的条件，很好地促进了社会健康发展。因此，全社会都应关注就业问题，只有实现充分就业，才能很好地解决人们的生产和生活问题，才是维护社会繁荣稳定、构建和谐社会的保障。

四、未来职业的发展趋势

在社会发展的进程中，职业受社会发展的直接推动，在不断地发展变化。职业的发展变化又对人们的择业观念产生较大的影响。因此，了解职业的发展，有助于我们树立正确的择业观。

(一) 职业未来发展的特点

1. **社会职业种类越来越多**　据有关专家考证，在我国隋朝时职业有100来种，宋朝达220多种，到明朝时已增至300多种，有了"三百六十行"之说。但随着社会分工的发展和职业的细分，目前我国的各种岗位总数达到10 000种左右。近年来，育婴师、物流师、心理咨询师、舞台灯光师、茶艺师等各种新型职业不断涌现。

2. **社会职业结构变迁的速度越来越快**　从农业革命到工业革命经历了数千年，而从工业革命到新的产业革命，才用了200多年。电子行业从产生发展到一个主要行业，只用了几十年时间。第三产业占从业者的比例越来越高。

3. **社会职业活动中脑力劳动职位所占比例越来越大**　体力劳动与脑力劳动的比例，在机械化初级阶段是9∶1；在机械化中等阶段是6∶4；到自动化条件下是1∶9。因此，科技越发达，脑力劳动在社会职业中的重要地位越明显。

(二) 职业的未来发展趋势

全面建设小康社会的奋斗目标，实现中华民族伟大复兴的中国梦，必然引起我国职业门类的更新和发展。职业的高科技化、智能化、专业化、综合化则是职业未来的发展趋势。

1. **职业的高科技化趋势**　科技进步将促使我国产业结构发生根本性变化[第三产业(服务业)增加值占国内生产总值(GDP)比重2013年提高到46.1%，首次超过第二产业]，与高科技相关的行业、职业将得到快速发展。如生物工程、航天技术、新材料与新能源等。

2. **职业的智能化趋势**　人工智能、数控技术、3D打印等高科技日新月异，将改变原有的职业劳动方式，把人们从粗重、繁杂、高危的劳动中解放出来。在将来的职业活动中，体力劳动与脑力劳动的比例将进一步缩小，体力劳动呈现脑力化。

3. **职业的专业化趋势**　社会职业活动分工日趋精细化、专业化，对于从业人员的专业知识、专业技能要求越来越高。职业岗位需要从业者受过专业教育或专门培训，许多岗位还需要从业者获取或持有相应的专项职业能力证书，如护士资格证、教师资格证、电工上岗操作证等。

4. **职业的综合化趋势**　社会化分工及职业活动之间的相互交叉和重叠，需要职业活动进行跨工种、跨行业的相互综合协作。它要求从业者不仅具有一定专业知识与技能，而且具有更高的综合素质，成为一专多能的复合型人才。

随着我国国民经济不断发展，社会不断进步，必然带来职业的一系列变化。新的职业不断产生，部分原有职业将逐渐被淘汰。具有更多知识、技能的专门人才逐步成为社会劳动力的主力军。中职生对于职业的未来发展趋势必须要有充分认识与思想准备，努力学习，完善自我，树立信心,才能更好地迎接挑战。

第二节 职业素质

职业对一个人至关重要。中职生步入社会,要想选择一份适合自己的职业,就必须具备一定的文化知识、专业技能等综合素质,只有提高自己的综合素质,才能增强社会竞争实力和提高适应职业岗位的能力,才能满足社会职业对劳动者的要求。

一、职业素质的内涵与特征

(一) 素质

素质是人在先天禀赋的基础上,通过环境影响和教育训练所获得的稳定的、长期发挥作用的内在基本品质,包括先天素质和后天素质两个方面。

先天素质是通过父母遗传因素而获得的素质。主要包括:感觉器官、神经系统和身体其他方面的一些生理特点。

后天素质是通过环境影响和教育训练而获得的素质。后天素质是在人的先天生理基础上,受社会环境的影响,通过后天教育训练和社会实践逐步养成的较稳定的身心发展的基本品质。

素质首先是教化的结果,其次是自身努力的结果;同时是一种比较稳定的身心发展的基本品质,这种品质一旦形成,就相对比较稳定。

(二) 职业素质及特征

1. 职业素质的概念　职业素质是指从业者在一定生理和心理条件的基础上,通过教育培训、劳动实践和自我修养等途径而形成和发展起来的,在职业活动中发挥重要作用的内在基本品质。如爱岗敬业的良好职业道德,一丝不苟的工作态度,反应迅速的思维能力等。

2. 职业素质的特征　职业素质具有职业性、稳定性、内在性、整体性和发展性等特征。

职业素质的职业性特征,表现为不同行业的从业者职业素质有所不同。如对建筑工人的素质要求,不同于对护士职业的素质要求;对商业服务人员的素质要求,不同于对教师职业的素质要求。

职业素质的稳定性特征,表现为从业者的职业素质是在其长期执业过程中日积月累形成的。它一旦形成,便具有相对的稳定性。如人们赞誉某位老师具有"学者风度",就是指他在长期的职业生涯中已具有了职业素质的稳定性。

职业素质的内在性特征,表现为职业素质通常只在职业活动中才能体现出来。我们常说,"把这项工作任务交给李师傅,有把握,请放心。"人们之所以对他放心,就是因为他的内在素质好。

职业素质的整体性特征,是从业者知识、能力和个性品质在职业活动中的综合体现。我们说某人职业素质好,不仅指他的思想政治素质、职业道德素质好,而且还包括他的科学文化素质、专业技能素质好,甚至还包括身体心理素质好。

职业素质的发展性特征,表现为随着社会发展和科技进步,职业对从业者的素质要求越来越高,随着职业的演变,从业者要不断提高自身的素质。

二、职业素质的构成

在现代社会,人与职业之间存在着双向选择:人要选择职业,职业也要选择人,所有职业对从业者都有一定的素质要求。只有人与职业合理匹配,才能最大限度地发挥潜能,提高职业效率和工作质量。

> **重点提示**
>
> 职业素质主要包括思想道德素质、科学文化素质、专业素质、身体和心理素质等,良好的职业素质是劳动者从事职业活动的基本条件,是劳动者在职业实践中做好本职工作的前提和基础。

(一)思想道德素质

思想道德素质包括思想政治素质和职业道德素质两个方面,二者相互联系,相辅相成,不可分开。

1. **思想政治素质** 思想政治素质是指从业者在思想政治上的信仰或信念。这是每个人都应具备的基本素质,是职业素质的灵魂,对其他素质起着统率作用,规定着其他素质的性质和方向。

思想政治素质包括:热爱祖国,热爱人民;有坚定的政治方向;有正确的世界观、人生观、价值观;有崇高的社会主义、共产主义理想;有强烈的社会责任感等。

> **知识链接**
>
> 我国实行有中国特色的社会主义制度,社会意识形态是以马列主义、毛泽东思想、中国特色社会主义思想体系为理论指导的,在实践中坚持和贯彻执行中国共产党为建设中国特色社会主义而制定的基本路线、基本方针和各项政策。这就是全体社会成员尤其是当代中职生,在社会生活和社会实践中必须坚持的正确的政治方向。

案例

钟南山——以无畏感动中国

抗击非典型肺炎的领军人物、工程院院士钟南山,他不仅医术精湛、医德高尚,而且尊重科学、实事求是、不唯上、不信邪,敢担责任。紧要关头他勇敢否定有关部门关于"典型衣原体是非典型肺炎病因"的观点,为卫生行政部门及时制订救治方案提供了决策依据,使广东成为全球非典患者治愈率最高、病死率最低的地区之一。

故事启示:如果他没有崇高的爱国情怀,没有坚定的信念,没有诚信的品德,我国的抗击非典工作将是一种什么状况。

2. **职业道德素质** 职业道德素质是指从业者在职业活动中表现出来的遵守职业道德规范的状况和水平。《公民道德建设实施纲要》提出了现阶段职业道德的五条基本规范:"爱岗敬业、诚实守信、办事公道、服务群众、奉献社会。"这五条基本规范是各行各业在职业活动中应该遵循的行为准则,也是职业道德的根本指南。

案例

格林教授选助手

一名实习护士在一家大医院进行毕业实习。实习期满后,如能让院方满意,就可留下成为一名正式护士。

一天,来了一名生命垂危的患者急需手术,实习护士被安排做外科手术专家——院长——格林教授的助手。手术从清晨一直持续到黄昏,患者的伤口即将缝合,突然,这名护士严肃地盯着院长说:"格林教授,我们用了12块纱布,可你只取出11块。""我已经全部取出来了,一切顺利,立即缝合!"院长头也不抬,不屑一顾地回答。"不,不行!"实习护士大声说:"我记得清清楚楚,手术中我们共用了12块纱布!"院长没有理睬她,命令道:"听我的,准备缝合!"这名护士毫不示弱,大声叫了起来:"院长,您是医生,您不能这样做!"直到这时,院长冷漠的脸上才浮起了一脸欣慰的笑容,他举起右手心握着的第12块纱布,向在场的人宣布:"这是我最满意的助手!"于是这名实习生成了这家大医院的正式护士。

故事启示:实习护士之所以被认可,是因为这名实习护士不惧权威的行为,体现了她作为一名医务工作者应当具有的职业意识和职业责任,这是作为一名护士所应当具备的基本职业道德。

医务人员良好的职业意识与职业道德,是构建和谐医患关系,避免和化解医患矛盾的关键。作为卫生专业的学生,我们应在专业学习中牢固树立全心全意为患者服务的意识,真正做到"以患者为中心",时时处处为患者着想,养成良好的医德医风。

专家提示

救死扶伤、防病治病、践行社会主义人道主义精神,全心全意为人民身心健康服务是卫生职业道德的基本原则。

(二)科学文化素质

科学文化素质是指人们对自然科学和社会科学知识掌握的状况、水平及运用能力,是职业素质的基础。一个人的科学文化素质如何,直接关系到他(她)职业素质的优劣。人们只有掌握了科学文化知识,才能更好地认识自然、认识社会,确立正确的理想信念,履行应尽的道德责任,掌握科学的思想方法和工作方法。

(三)专业素质

专业素质是指从业者在职业活动中,掌握和运用专业知识、专业技能的状况和水平。专业素质是职业素质构成中的重点,只有具备一技之长,才能在职业生活中立于不败之地。专业素质主要包括:扎实的专业知识,规范的实践技能,较强的协调合作能力,批判性思维能力和创新能力,科学严谨、实事求是的工作作风等五个方面。

案例

护士小静的故事

从戴上燕尾帽的那一刻起,小静就暗下决心,只有把自己磨炼成一名业务技术拔尖的白衣天使,才能更好地帮助患者战胜病魔。立下这个心愿后,她开始付出几倍于同龄姐妹的汗水:别人已经围坐在餐桌前,她还在护理操作室演练;别人早已沉浸在甜美的梦乡,她仍端坐在灯下学习最新知识……小静的辛勤换来了累累硕果。医院无菌技术操作第一名、静脉注射第二名;第一届、第三届医院"生命绿洲杯"演讲比赛获得一等奖;市五大局联合组织首届"天使杯"技能大赛获得优秀岗位能手称号……2007年,小静因技术过硬、工作扎实稳健,被任命为急诊日间病房护士长,那年她才29岁,成为当时医院最年轻的护士长。2010年,全国开展优质护理服务示范工程以及创建人民满意的公立医院活动,她所在的骨一科成了医院第一批优质护理服务示范病房。2011年,荣获省护理服务示范病房荣誉称号。

在平凡的岗位上,小静奉献着自己的爱心,也在辛苦中感受着呵护生命的快乐,在劳累中体会着挽救生命的意义。她先后被评为"市服务明星""市岗位能手""先进工作者""优秀护士长""巾帼建功先进个人""感动服务好护士""病人满意好护士""岗位标兵"。

故事启示:从业者拥有扎实的专业知识和熟练的专业技能,才能有效地拓展自己的生存空间,增强自身的竞争实力,实现人生价值。

(四)身体心理素质

身体心理素质是指从业者的身心健康的状况和水平。健康的体魄、健全的心理,是职业素质的载体,是获得成功职业生涯的重要条件。

身体素质是指人体在先天遗传和后天影响基础上所形成的体格和精力等生理方面相对稳定的基本品质。居里夫人曾说:"健康是科学的基础"。从业者必须具有健康的身体,保持精力充沛、反应敏锐,能够耐受高强度压力,这样才能胜任职业工作,保证工作任务顺利完成。

心理素质主要是指个体在心理过程、个性心理等方面所具有的基本特征和品质。一个人承受挫折、适应环境、调节自我的能力,反映了他的心理健康的水平。

案例

美国的一项调查:良好的心理品质与成功的相关性

美国曾进行一项连续30年的试验,对1000名智力超常的儿童进行跟踪调查。结果发现这些智力相近的儿童后来的成就却有很大的差别:有的举世瞩目,有的则平庸无奇。此试验又对20%最有成就的对象和20%最无成就的对象进行研究发现,他们之间最显著的差别是在心理品质上的不同。前者意志坚强、自信,有进取心,遇到困难不屈不挠;后者缺乏远大理想,缺乏毅力和进取精神,自身的潜力无法发挥。

故事启示:这则材料说明了身体健康和心理健康的状况制约着其他职业素质发挥的程度,没有健康的身体心理素质,其他各种素质很难发挥出应有的水平,身体心理素质是综合职业素质的前提条件。

> **重点提示**
>
> 思想道德素质是职业素质的灵魂,科学文化素质是职业素质的基础,专业素质是职业素质的重点,身体心理素质是职业素质的载体。

职业素质的四个方面相互制约、相互促进,形成一个统一整体。此外,在职业活动中从业者要想获得成功,除具备以上素质外,还应具备实践能力和创新精神。

讨论与思考

1. 什么叫职业？它包括几层含义？
2. 简述职业的作用。
3. 什么叫职业素质？其特征如何？它包括哪些内容？

（熊剑峰）

第 3 章

职业生涯规划与职业理想

学习要点
1. 职业生涯规划的类型
2. 中职生职业生涯规划的特点
3. 职业理想的内涵和作用

第一节 面向未来的职业生涯规划

案例

小杨的迷茫

小杨性格外向,为人热情,护理大专毕业。实习时,她选择在某医院当了一名实习护士。她发现护士每天都做着重复而繁重的工作,责任重,还要上夜班,医院人际关系又复杂。她觉得自己性格直率,性子急躁,因此,毕业后她未选择护士工作。

毕业时,小杨听要好的学姐说做医疗器械销售收入比较高,所以她也选择了医疗器械销售工作。工作中小杨学到了很多产品知识和销售技巧,但因无法适应激烈的竞争与销售任务的压力,还没有度过3个月试用期就辞职了。

辞职后,小杨不知道要做什么,随便投了几份简历后应聘到一家公司做了文员。工作一段时间,小杨觉得文员工作琐碎、单调、重复、工资低、常加班,因此,她对工作没有一点兴趣。2个月后,她再次辞职。

在家里休息近2个月后,经亲戚介绍她应聘到一家商场任经理助理,对新工作她满怀期待。可入职后,小杨发现经理助理的工作不过是帮助经理处理一些事务性工作,如端茶倒水、打扫卫生、帮经理写发言稿,有时还要帮助接小孩,简直像个保姆。很快,她又辞了这份工作。

职场的境遇让小杨很迷茫。什么样的工作才适合自己?冷静分析后,她觉得自己的长处在于文字方面,在校时还做过广播站记者。于是,经过笔试、面试,她顺利应聘到一家广告公司做文案,并暗下决心要做出一番成绩。可现实工作却出乎她意料,文案工作不仅需要丰富的知识和文字的驾驭能力,还需具备广告和市场知识等。她虽很用心工作,但她的文案都未被采用,使她很伤自尊。3个月后,小杨被公司辞退,她再次失业了。

思考:通过小杨的求职经历,我们可以看出她在求职之前并没有做好准备,她找的几份工作都很随意,没有认真地分析自己的兴趣、性格和能力,结果可想而知,找到的工作不是自己不喜欢,就是自己不胜任,职业选择的随意性带来的后果就是职业不合适。所以,面向未来的职业生涯,怎样做好规划是摆在我们面前的一个非常重要的问题。

未来几十年的职业生涯怎样度过,如何让自己的职业生涯光彩夺目,是每一位中职生应该认真思考的问题。我们必须根据自身的特点、兴趣、知识和能力,将自己定位在一个最能发挥自身优势的位置,做好个人的职业生涯规划,最大限度地实现自我价值。

一、职业生涯规划概述

(一)职业生涯规划的含义和特点

职业生涯规划是指个人与组织相结合,在对个人职业生涯的主、客观条件进行测定、分析和总结的基础上,对自己的职业兴趣、爱好、能力和特点进行综合分析与权衡,根据自己的职业倾向,结合时代特点,确定自己的最佳职业奋斗目标,并为实现这一目标做出行之有效的安排。

职业生涯规划具有以下几个特点。

1. **个性化** 职业生涯规划是依据个人的愿望、自身的实际情况,以及职业的要求和社会的发展等因素所制订的个人发展计划,是完全与众不同的个性化的方案。不能复制或套用别人的方案,更不能将他人的规划强加在自己身上。每个人的职业生涯规划不可能完全一致,就如同每个人的人生道路不可能完全一致一样。

2. **开放性** 职业生涯规划除应符合个人自身实际外,作为社会的一份子,还应以开放的心态,正视他人、环境和社会等因素的影响。首先,在制订职业生涯规划时,要尽可能多地与外界交流、沟通,广泛听取他人的意见和建议;其次,一个好的职业生涯规划不是一成不变的,应根据自身发展,社会与环境变化及时调整、修订,才能确保职业生涯规划的科学性和可行性。

3. **适时性** 职业生涯规划是确定未来目标,并为实现该目标拟制前瞻性的行动步骤与方案。因此,我们在制订职业生涯规划时,应做好明确的时间和空间安排,对各项主要活动在何时、何地,以何种方式完成,考虑一定的可变因素,增加可变量,提高职业生涯规划的适应性和科学性。

(二)职业生涯规划的理性思考

职业生涯规划的目的是为实现自己的职业理想而科学地筹划个人的职业生活,不仅是为了帮助自己找到一份适合的工作,更重要的是通过规划求得职业发展。这就需要客观分析自己的主观和客观条件,理性判断、权衡个人愿望与社会要求之间的差距,拟定切合自己实际的职业发展方向,科学地规划未来个人的职业生活。因此,中职生在制定个人职业生涯规划时必须理性对待以下几个方面的问题。

1. **制订职业生涯规划,要树立全新的择业和就业观念** 当前,我国就业形式和就业方式正发生较大变化,总体就业形势不容乐观。中职生在制订个人职业生涯规划或在未来职业选择中应具有良好的心态,积极面对现实,既不应好高骛远,过于乐观,也不应怨天尤人,悲观失望;要不断学习更多的知识与技能,提高、完善自我,并树立全新的择业观和就业观。

(1)确立行业无贵贱的职业观:社会劳动是按分工进行的,行业无贵贱,工作无尊卑。只要是社会需要的工作都是高尚神圣的,不论处于什么岗位上,只要尽自己最大的努力,以诚实的劳动为社会做出贡献,都应得到社会的肯定。

(2)要有适应社会的思想准备:由于专业知识和能力所限,致使我们不能充分地、自由地选择职业,职业岗位也不能完全满足每个学生的主观要求。因此,个人必须根据社会的需要选择职业,在个人志愿与社会需要发生矛盾时,要有服从社会需要的理性思考。

(3)正确看待自己,克服择业的理想化倾向:所谓理想化倾向,就是在确定职业目标时不切合实际地评价自己,把自己的职业岗位和职业前途设计得过于美好,而无法实现,使自己的理想脱离实际,成为没有根据的空想,或不切实际的幻想。因此,制订规划时要考虑"我想干什么""我能干什么""社会需要和允许我干什么",这样才能给自己一个合理定位,找到能够实现的职业目标。

(4)注意培养新的专业兴趣和爱好:在专业学习的过程中,要善于发现自己的优势和长处,培养更为广泛的专业兴趣和爱好,扩大自己的专业口径,为拓宽就业渠道做好充分的思想准备,当职业与所学专业不一致时,就能突破个人兴趣的狭隘局限,积极转移兴趣,愉快地接受和迅速适应新的职业环境。

(5)树立"有事做、有收入就是职业"的观念:过去人们认为,在机关、事业单位或国有企业端上"铁饭碗",才算就业,这种观念已经过时了。市场经济打破了"铁饭碗",只要做了有利于社会、服务于大众的事,就能得到社会的回报。我们要树立"大就业"观念,根据社会的需要,结合自身的条件,采取临时就业、承包就业、兼职或者个体经营等灵活多样的就业方式,才能将自己融入社会。

2. 制订职业生涯规划,要以职业理想为目标　职业理想是指个人依据社会要求和自身条件,希望达到的职业境界。确立职业理想是个人制订职业生涯规划的出发点;同时,也是个人找准职业方向与职业定位,即个人选择什么样的职业,为什么选择某种职业的关键点。俗话说"三百六十行,行行出状元",职业本无高、低、贵、贱之分。中职生在制订个人的职业生涯规划时不能一味地追求高、大、尚的职业理想,而应脚踏实地地面对现实。切合实际的职业理想,才是实现职业生涯规划目标的保证,也是个人职业生涯过程中为之努力的原动力。

案例

南丁格尔的追求

1820年5月12日,弗洛伦斯·南丁格尔出生于意大利。她年轻时,家境优裕,过着当时让人羡慕的所谓上流社会生活。但这一切却让她感到十分空虚,觉得自己活得毫无意义。为此,她违背了父母给她的职业安排,在当主妇、文学家、护士三种职业之中,选择了当时被认为地位低下,甚至被认为污秽,但却可以为他人服务的护士职业。

1854年,南丁格尔与38位护士到克里米亚野战医院工作。她竭尽全力地降低伤员术后感染的概率、改善饮食和医疗卫生等,仅半年的时间,英国士兵的病死率就由过去的42%降至2.2%。被称为"克里米亚的天使"与"提灯天使"。战争结束后她回到英国,被推崇为民族英雄。

1860年,南丁格尔用政府奖金创建了世界上第一所非修道院形式的正规护士学校及经济贫困的医院护士培训班,被誉为现代护理教育的奠基人。她还发起组织国际红十字会。1901年,南丁格尔因操劳过度,双目失明。1907年,她被英王授予功绩勋章,成为英国历史上第一个接受这一最高荣誉的妇女;1908年3月16日,又被授予伦敦城自由奖。1912年,国际护士理事会倡议在每年5月12日南丁格尔诞辰日举行纪念活动,并将5月12日定为国际护士节。

她毕生致力于护理的改革与发展,开创了护理事业,成为近代护理事业的创始人。她的努力让昔日地位低微的护士职业的社会地位与形象大为提高,成为崇高的象征,取得了举世瞩目的辉煌成就,使她成为19世纪最伟大女性之一。这一切都源自于她对护理职业理想的树立与执着的追求。

3. 制订职业生涯规划,要切合自身条件　制订职业生涯规划应客观地分析自我,给自己准确定位,认清自己能干什么,喜欢干什么,适合干什么。简单、盲目地制订一个职业生涯规划,可能会使职业理想成为泡影。因此,我们在制订职业生涯规划时,应从实际出发,客观地权衡自身条件、外在因素的优势和不足,制订出适合自己的职业生涯规划。

案例

小玉的职业生涯规划

小玉家是医务世家,爷爷是个老中医并在当地小有名气,父亲是一所医院的主治医师,母亲在医院当护士,哥哥医学院毕业后,自己开了一家小诊所。她从小耳濡目染,向往成为一名出色的"白衣天使"。因父母都忙于工作,无暇照顾到小玉,使得她从小就非常独立。小玉个性活泼、开朗。受爷爷的影响她略懂中医医理,受妈妈的影响她爱好绘画,这培养了她很好的审美能力。

初中毕业后,她选择进入卫校学习护理专业。入校后,小玉对未来有了更多的憧憬与梦想,却不知道该如何着手,无所适从。在老师的帮助下,小玉认识到光有梦想是不够的,还需要规划一条通向梦想并适合自己的道路,制订适合自己的职业生涯规划。

为此,小玉进行了认真仔细分析,自己的优势:①出身医务世家,从小耳濡目染,了解一定的中医医理;②性格活泼、开朗、阳光,有很好的亲和力;③先天对美好事物有洞察力,自己爱好绘画又喜欢美容化妆,而现在所学的专业也许能帮到自己。在校学习期间,除了努力学习专业知识和专业技能外,进一步发挥自己的特长和能力,她开始自学皮肤护理、按摩、美容等专业知识,争取在毕业后拿到护理资格证和美容师资格证,从事美容工作或自己开一家美容院,实现"白衣天使"的梦想。依据自己的职业梦想及对自己相关因素的分析,她制订了一份符合自身的职业生涯规划。

4. 制订职业生涯规划,要综合考虑社会因素　确定职业目标,实现职业理想,需综合考虑"天时、地利、人和"等因素。"天时"对国家而言指经济发展的形势,对个人而言指就业的机遇。机遇可遇而不可求,机遇总是给有准备的人;"地利"是指本地区的经济发展状况,以及专业特色、就业方向,是确定职业目标的关键因素;"人和"是指良好的人际关系。俗语说:一个好汉三个帮。成功的职业生涯除要依赖于家庭关系以外,还有在人际交往中形成的社会关系,比如老师、同学、朋友。他们都是你在职业道路上的"贵人"。良好的人际关系,可以使自己在制订职业规划时为选择目标增添信心。

二、职业生涯规划的类型

职业生涯规划不仅包括就业前的职业生涯规划,也包括就业后的职业调整规划。按照时间的长短,职业生涯规划一般可以分为四种类型。

(一) 短期职业规划

指3年以内的规划,主要是确定近期目标,规划近期应该完成的任务。如:3年内掌握哪些专业知识,获得哪些资格证书等。作为中职生,短期规划可以是3年内每学年计划,其内容可以是每学年要通过的考试项目,要获得的奖励次数以及要达到的其他个人目标。做好短期规划可以让我们避免"捡了芝麻,丢了西瓜"的局面。

(二)中期职业规划

一般为3~5年的职业目标和任务,这是一种常见的职业生涯规划。对于一年级的新生而言,中期规划就是要制订一个中专学习、生活发展计划,对于高年级的学生则可以是毕业几年内要达到的职业发展目标要求。

(三)长期职业规划

一般为5~10年的规划,主要是设定较长远的目标。如在30岁时取得某一职称,获得某一职位,以及为实现此目标应采取的具体措施。太长远的目标容易让人看不到希望,而10年左右的时间足以成就一桩事业。

(四)远期职业规划

从进入职校学习开始,到离开工作岗位为止,主要设定整个人生的发展阶段和目标。

职业生涯规划从短期到中期再到长期直至整个人生,是一个连续的过程,但是在实际执行过程中,还要根据环境、形势的变化适当调整。

三、职业生涯规划的重要性

人人都希望有一个成功的职业生涯,但有很多人虽然付出了很大努力却没能成功,原因并非是他们没有知识和才能,而是没有设计出适合自己的职业生涯规划。

> **重点提示**
>
> 职业生涯规划就是将自己的理想化为现实的统筹安排,把对未来事业发展的预期转变为明确的行动步骤。

(一)职业生涯规划帮助我们目标明确地发展自己

职业生涯规划有助于我们认识自己,找出自己的特点,明确自己的优势,从而科学合理地设定自己的职业发展目标。目标明确会让自己少走弯路,更快地实现目标。只有在职业发展道路上目标明确并不断追求的人,才有可能成为成功者。

(二)职业生涯规划引导我们最大限度地发挥潜能

职业生涯规划促使我们发现、培养自己的优势和可能大有作为的方面,从而发挥最大的潜能,最终实现成功的人生。

职业生涯规划能鞭策我们努力学习,增强学习的目的性和计划性。同时正确评估自己,找出不足之处,找准努力的方向,提升应对竞争的能力。当今社会竞争激烈,自己设计好自己的职业生涯规划,有助于自己抓住发展的机会。

四、中职生职业生涯规划的特点

职业生涯规划就是规划自己的未来。不同年龄、不同起点、不同经历、在不同环境中生活的人,对自己职业生涯规划的设计思路是不同的。下面我们来分析中职生职业生涯规划的特点。

(一)专业定向后初次就业

职业生涯规划的总目标一般是为了获取一定的职位、报酬或取得一定的职业成绩,不同时期的人,其阶段目标的划分也不相同。一般来说,初中生、普高生的职业生涯规划没有专业定向,他们的目标在于是否升学、如何升学以及升到什么学校,侧重于选择适合自己的发展方向和所学专业;有职业经历的人,职业生涯规划在熟悉职场的基础上为晋升或调整发展方向而设立目标;中职生的职业生涯规划,最根本的目标就是首次就业成功,能拥有一个与自己的兴趣、爱好、知识和能力等相匹配的职业岗位。首次就业成功是职业生涯的起点,只有就业成功以后,才能积累工作经验,而"有工作经验"往往是许多用人单位招聘的条件,中职生要充分认识"先就业、后择业"对职业生涯发展的作用。

因此,为了实现首次就业成功的目标,中职生职业生涯规划应更侧重于就业前的准备阶段,即结合自己所学专业,自觉提高自身的职业素质和职业能力,培养广泛的职业兴趣及爱好,并且阶段目标要十分明晰。

(二) 必须面对就业难的现状

中国是一个发展中的人口大国,就业难在一个相当长的时期内是人们必须面对的问题。中职生应主动适应职业要求,明确目标,有针对性地提高自身素质,正确处理好"职业选人"与"人选职业"之间的辩证关系,树立正确的就业观、择业观。中职生的职业生涯规划是正确面对当前就业形势的规划。

(三) 必须把个人发展与经济社会发展联系起来

中职生在确定职业生涯发展方向时,应遵循满足"两种需要"和"两个符合"的原则。"两种需要",即满足经济社会发展需要,满足个人职业生涯发展需要;"两个符合",即符合经济实际,符合本人实际。因此,中职生在进行职业生涯规划时,应把个人自信、自强、积极向上的精神与国家兴亡联系起来;珍惜在校生活,以发展的眼光审视自己与经济社会需要的差距。中职生的职业生涯规划,是把个人发展与祖国繁荣富强融为一体的规划。

(四) 要有动力机制和正确成才观

中职生在分析发展条件时,要能挖掘自己的优势和长处,找到自己与职业要求的差距和不足,努力按照即将从事的职业对从业者的要求来提高自身素质,建立积极向上的动力机制。

中职生应热爱所学专业,从而增强职业生涯成功的自信心,形成发自内心的学习动力,增强提高职业素质和职业能力的自觉性,积极做好适应社会、融入社会和就业、创业的准备。中职生的职业生涯规划,是积极向上的和有正确成才观的规划。

(五) 能强化时间观念,形成终身学习理念

职业学校教育既不同于基础教育,也不同于职业培训;中职生既要以首次就业为近期发展目标,又要为职业生涯持续发展和实现长远发展目标奠定基础。不断提高自身就业质量,是一个人职业生涯发展的具体体现,而不断更新知识和技能是职业生涯可持续发展的必要条件。中职生从学校毕业后,必须不断学习,才能让职业生涯得到持续发展。中职生的职业生涯规划,是为终身发展打好基础的规划。

第二节 职业理想的作用

理想是指路明灯。没有理想,就没有方向;没有方向,就没有生活。面对丰富多彩的人类社会,只有树立了正确的职业理想,才会制订出符合自己特点的职业生涯规划,选择适合自己的职业目标,并付诸实施,才能将自己融入社会,实现自身价值,取得事业成功。

一、理想与职业理想

(一) 理想

理想是人们在实践中形成的、具有实现可能性的、对未来的向往和追求,是人们世界观和政治立场在奋斗目标上的集中体现。理想有正确的和错误的之分。正确的理想是符合社会发展规律的理想,错误的理想则是违背社会发展规律的理想。一个人一旦树立了符合社会需要的理想,就会为实现这一理想而奋斗;反之,则会浑浑噩噩,虚度一生。

我们可以从以下几方面来加深对理想的理解。

1. 理想是人的动机体系的一部分。理想一旦形成,就成为行为的内部推动力,它激励一个人朝着一定方向从事各种有关的实践活动。

2. 理想与人的个性倾向有关。理想体现一个人的意愿和志向,并且决定着一个人对事物的态度和行为方式。理想影响着个性发展的趋向。

3. 理想和人的信念、世界观密切相关。坚信某种人生品德的美好,某种社会制度是完善的,是一定能够实现的,从而形成以特有个人品德及社会制度为内容的理想。一个人信念坚定,世界观稳定,其理想形成就迅速;对于理想的坚定追求,其理想实现的可能性就大。

总之,理想是人们在实践中形成的,有可能实现的,对未来社会和自身发展的向往与追求,是人们世界观、人生观和价值观在奋斗目标上的集中体现。

(二) 职业理想及其特点

一般来说,理想可以分为社会理想、职业理想、道德理想和生活理想。其中,职业理想是个人对未来所从事的职业及事业上获得成就的向往和追求,是职业生涯发展的动力。它是人们实现个人生活理想、道德理想和社会理想的手段,并受社会理想的制约。

> **知识链接**
>
> 按照理想所属的人的范围划分,理想可以分为个人理想和群体理想。个人理想是一个人对未来的具有客观必然性的想象。群体理想是一定群体的人们的共同理想。
>
> 按照理想奋斗时间的长短划分,理想可以分为长远理想和近期理想。长远理想是经过较长时间的奋斗才能实现的理想。近期理想是在较近的时期内就能够实现的理想。
>
> 按照理想的内容划分,理想可以分为社会理想、职业理想、道德理想和生活理想。社会理想是人们对未来社会的设想。职业理想是人们对未来工作部门、工作性质以及在职业上达到程度的追求和向往。生活理想是人们对未来生活的追求和向往。道德理想是人们所向往的理想人格和做人的标准。

职业理想不是虚无缥缈的,它是具体、现实的。"具体"是指理想不仅是追求的目标与方向,而且对应具体的职业岗位及其不断晋升的岗位阶梯,如:我们从小的理想可能是军人、科学家或企业家等,但当步入社会后具体的职业理想可能是教师、护士等具体职业岗位。"现实"是指与自身现实条件,当前社会的现实需求以及就业形势、工作环境、薪酬福利、升迁机遇、人际关系等现实情况相联系,同时与该职业的现实社会评价相联系。

> **重点提示**
> 职业理想具有个体差异性、发展性、时代性和社会性四大特点。

1. **个体差异性** 每个人的自身条件与所处环境迥异,职业理想必然各不相同。自身条件是内因,是先决条件,每个人根据自身实际,如身体特征、性格品质、兴趣爱好等,选择适合自己的职业,不同的职业又承载着个人不同的职业理想;所处环境是外因,造就了个人不同的思想,如世界观、价值观、政治思想觉悟、道德修养等,决定着一个人的职业理想方向;同时,环境培养了个人的能力,如知识结构、技能专长等,决定了职业理想追求的层次。因此,认识到职业理想具有一定的个体差异性,依据自身实际,确立适合自己的职业理想,才是最好的职业理想。

2. **发展性** 每个人的职业理想方向、内容会因时间、环境的不同而变化。随着个人年龄的增长、社会阅历的丰富、知识水平的提升,职业理想会由朦胧变得清晰,由懵懂趋于理性,由波动逐渐稳定。因此,职业理想具有一定的发展性。孩提时理想朴素,多以自己崇拜的偶像作为榜样,如军人、警察、教师,但随着自己逐渐成长,其选择的职业多与最初的理想大不相同,趋向选择符合自身实际的职业。

案例

皮尔卡丹的职业理想

皮尔卡丹是令人瞩目的法国亿万富翁,以他的名字命名的产品遍及全球,涉及服装、钟表、眼镜、化妆品等行业。但少年皮尔卡丹从小喜欢舞蹈,他的理想是当一名出色的舞蹈演员。皮尔卡丹一次接受记者采访时说:其实自己并不具备舞蹈演员的素质,当舞蹈演员,只不过是年少轻狂的一个虚幻的梦而已。如果那时他不放弃当舞蹈演员的理想,就不可能有自己的今天。

3. **时代性** 时代是客观的历史进程,是一个时期社会经济、政治、文化等状况的总和。时代的发展、变迁,带动着社会分工与职业的变化,影响着个人对职业理想的追求与选择。生产方式越先进,社会经济越发达,社会分工越精细,职业种类就越多;科学技术越进步,职业演化越迅速,个人职业选择的机会就越多,这些对于个人综合素质的要求也就更高。个人职业理想应紧扣时代发展的脉搏,紧跟时代前进的脚步,才能适应时代的发展要求。

4. **社会性** 职业理想的社会性主要体现在三个方面:一是职业作为社会分工的产物,每个职业都有其特定的社会责任;二是从业者通过所从事的职业,履行着自己对社会应尽的义务;三是个人职业理想的实现取决于一定的社会因素。健康、和谐、稳定、经济快速发展的社会,是个人职业理想实现的保障。

二、职业理想对人生发展的作用

职业理想是一个人前进的动力,是衡量一个人生命价值的重要标尺。树立了职业理想,就会有奋斗目标,就会鞭策自己努力学习专业知识和技能,在职业实践中把职业理想转化为现实,服务社会,实现自身价值。

(一)职业理想有利于确定人生发展的目标

职业理想作为社会理想的具体化,对人的一生起着目标引领与直接导向作用。职业理想如果切合实际,经过努力奋斗,其人生发展目标必然会逐步实现;反之亦然。中职生在现阶段必须确立自己的职业理想,明确职业目标,只有这样才能明确发展方向,激发学习的热情,提升学习效果,为迎接未来的挑战打下坚实的基础。

(二)职业理想有利于增强人生前进的动力

职业理想是人们的崇高目标,它蕴藏着强烈的意志力量,引领着人们为实现美好的未来拼搏奋斗。一个人只要树立了正确的职业理想,就会在自己所从事的职业活动中激发出无穷的力量,创造出不平凡的业绩。

案例

从"小保安"到"央视著名主持人"的转变

每天早上 7 点,中央电视台《朝闻天下》节目一开始,朝气蓬勃的新闻主持人赵普就以清新的形象出现在全国观众面前。但鲜为人知的是在赵普的职业生涯中,却有着一段不平凡的经历。他当过兵,干过保安,卖过服装;他遭遇过丧父、失业的打击。由于他从小就有一个当主持人的梦想,所以不论遇到什么样的困难,都会想方设法去克服。先是考进北京广播学院播音系学习播音,毕业后有幸应聘于北京电视台。但他并没有就此满足,为了能有更大的发展空间,他到北京电影学院管理系进修,攻读北京师范大学艺术专业硕士,参加中央电视台主持人大赛,并从千余名选手中脱颖而出,闯进了中央电视台,成为中央电视台出色的新闻主持人之一。

从一个只有初中学历的体育馆保安,到中国顶级电视媒体的新闻主播,赵普的经历告诉人们:"王侯将相,宁有种乎?"这一秒不失望,下一秒就有希望:前一级台阶踩牢,后一级台阶才会再踩在脚下;对每一次擦肩的机遇都不是观望,而是毫不畏缩地抓牢,才会赢得最大的成功!追逐梦想的朋友们,赵普已为我们做出了榜样。

(三)职业理想有利于人生价值的实现

人生价值是通过人们对社会的奉献体现出来的,每个人都应当有自己的价值。要实现人生价值,就必须通过职业活动,因此对职业理想的追求必然会促进人生价值的实现。

职业理想源于现实又高于现实,它比现实更美好。为使美好的憧憬变成现实,人们会以坚韧不拔的毅力、顽强的拼搏精神去努力奋斗。我国著名数学家华罗庚在 1950 年放弃了在美国的终身教授职位回到祖国,临行前发表了一封致中国留美学生的公开信。信中说:"我们受到同胞们血汗的栽培,成为人才之后,不为他们服务,这如何可谓之公平?如何可谓之合理?为了真理,我们应当回去;为了国家民族,我们应当回去;为了为人民服务,我们应当回去;就是为了个人出路,也应当早日回去,建立我们的工作基础,为我们伟大祖国的建设和发展奋斗。"

> **专家提示**
>
> 作为一名有志青年,要用职业理想激励自己实现人生价值,服务社会,回报社会,在推动社会进步的同时提升自己,为人民、为国家做出贡献,这样的人生才有意义。

三、职业理想对社会发展的作用

人作为社会的一分子,不仅具有自然属性,也具有社会属性。每个人在职业活动中,通过努力工作为自己获取劳动报酬的同时,为社会创造着一定物质与精神财富,为社会贡献一分力量,客观上推动了社会的进步和发展。因此,个人的职业理想注定与社会密不可分,是社会理想的重要组成部分。现阶段,建设中国特色的社会主义,把我国建设成为富强、民主、文明、和谐的社会主义现代化国家,实现中华民族伟大复兴的中国梦,是我国各族人民的共同理想。

(一)有明确职业理想的高素质从业者是社会发展的动力

确立了职业理想,就有了努力的方向,有了前行的动力。在职业理想的引领下,从业者为追求个人的成功,勤奋地工作,不断完善自我,在这个过程中使得从业者整体素质得到提高,从而推动社会发展与进步。

中职生作为社会未来的劳动者,是社会经济发展的潜在动力。树立明确的职业理想,培养良好的职业道德,努力学习并掌握专业知识与技能,成为高素质的劳动者和技能型人才,才能在将来的职业活动与社会生活中,承担起国家与社会所赋予的时代责任,为国家和社会的发展贡献一分力量。

案例

杂交水稻之父——袁隆平

20世纪90年代后期,国外有人说:"到21世纪30年代,中国人口将达到16亿,到时谁来养活中国,谁来拯救由此引发的全球性粮食短缺和动荡危机?"袁隆平挥动着满是老茧的双手说:"中国完全能解决自己的吃饭问题,中国还要帮助世界人民解决吃饭问题!"为攻克水稻杂交培育的难题,他不畏困难、埋头在田间潜心研究数十年,终于培育出优质高产的杂交水稻,不仅实现个人职业理想,同时为人类、为社会做出了巨大贡献。

(二)职业理想是实现社会理想的基础

社会理想是指人们对未来社会制度和社会整体面貌的追求与设想,是社会全体成员的共同理想和共同奋斗目标。职业理想作为个人理想的重要组成部分,也是构成社会理想的基础。人们通过职业理想的实现,达到改革社会、造福人类的目的。没有职业理想,一个人在职业生活中就难有作为,社会理想也就会因此失去基础。

职业理想和社会理想的关系:职业理想是社会理想的基础,是社会理想的具体化;职业理想是以社会理想为导向,并受社会理想所制约。社会理想是根本、长远且方向性的,它贯穿于职业理想之中,决定并制约着职业理想。每个人的职业理想都应建立在社会理想之上,违背社会理想的个人职业理想是很难实现的。因此,当个人的职业理想与全社会共同理想不一致时,个人职业理想应服从社会理想。每个从业者的职业理想只有同社会的需要、人民的利益相一致,同国家的前途,民族的命运相结合,个人对职业理想的向往与追求才可能变为现实,这样的职业理想才更有意义。

案例

鲁迅弃医从文

大文豪鲁迅是一个很爱国的人,起初他认为要使一个民族强大,这个民族的人民就要拥有一个健强的体魄,所以他离开东京去仙台学医,决定做一些实实在在的事情(治病救人)来拯救国民。可是在仙台学医期间,有一件事情让他很震惊:教室里放映的片子里一个被说成是俄国侦探的中国人,即将被手持钢刀的日本士兵砍头示众,而站在周围观看的许多中国人,虽然和日本人一样身强体壮,但个个无动于衷,脸上是麻木的神情。这时身边一名日本学生说:"看这些中国人麻木的样子,就知道中国一定会灭亡!"这样的场景让鲁迅感到很痛心,他幡然醒悟——要真正解救一个处于水深火热之中的民族,并使其强大起来,仅仅让人民拥有强健的体魄是远远不够的;救治了羸弱的身体只是"治标",而拯救人民麻木的心灵与思想才是关键,才能"治本",所以,他毅然弃医从文,从此走上了文化救民的道路。他以手中的笔杆为武器,用口诛笔伐的方式与敌人搏斗并唤醒民众。

鲁迅的选择也警示我们:一个真正强大的民族,其人民的思想首先必须要强大。

中职生在实现职业理想的过程中,应该弘扬民族精神,积极投身到社会主义现代化建设中,以实际行动报效祖国。

四、职业生涯规划与职业理想的实现

职业理想是职业生涯规划的目标与核心,是职业生涯规划的动力因素。科学、合理的职业生涯规划有助于职业理想的实现,二者相辅相成,相互作用。职业理想应与职业规划有机结合起来,将个人的职业理想具体融入日常生活、学习和工作中,才能充分发挥职业理想对人生与社会发展的促进作用。

中职生在进行职业生涯规划与追求自身职业理想的过程中,应注意以下几个方面的问题。

1. **应认识到做好职业生涯规划并不等于能实现职业理想** 职业生涯规划是为实现职业理想而制订的具体行动计划、方法措施与实施步骤,它使得职业活动更具目的性、计划性、条理性,是实现职业理想的关键与保证。但并不是做好了职业生涯规划,就一定能实现自己的职业理想,还需要将规划付诸行动,即在实际的学习、生活、工作中将规划要求逐一落到实处,才能将规划变为现实。著名的寓言作家克雷洛夫曾做过精彩比喻:"现实是此岸,理想是彼岸,中间隔着宽敞的河流,行动则是架在川上的桥梁"。

2. **应认识到追求职业理想过程的艰巨性、反复性与持久性** 追求职业理想的过程是规划、实践、调整与再规划、再实践、再调整的反复过程,期间总会遇到这样或那样的困难与挫折。"不经历风雨何以见彩虹?"任何人想要成功都不可能一帆风顺。因此,中职生在加强文化知识与技能学习的同时,应注重抗压能力、竞争意识、对外沟通能力的培养,努力提升对社会的适应能力,在追求自身职业理想的同时,更好地为社会、为国家贡献出自己的力量。

案例

章金媛与南丁格尔奖

在我国获得过南丁格尔奖的43人中,章金媛的护理生涯是最长的。她在平凡的护理岗位上通过临床试验和护理实践总结出一套先进的护理模式,在全国医学界引起了强烈的震动。

章金媛每次在给患者更换被单的时候,都发现患者会抱病离开自己的床位,跑到门外。原来,患者是为了避开更换被套时扬起的灰尘。为了解决这样一件小事,她下班回家后,抱起被子反复折了套、套了折。这一练习,从1978年到1990年,整整12年。在九洲医院,她对院内护士进行了示范性的护理操作,从帮患者输液的手势到为患者喂饭的距离等,她都进行了亲自讲解,就连护士对患者用哪种口气说话,她都做出了示范……章金媛的南丁格尔奖就是靠点点滴滴的积累而获得的。

3. **应突破职业理想的狭隘含义,树立正确的职业理想观** 首先,要突破个人理想的狭隘局限,将个人理想与社会需求、国家的发展联系在一起,从一个更高的境界来确定自己的职业理想,这样的理想才更具现实意义;其次,职业不应有高、低、贵、贱之分,俗话说:三百六十行,行行出状元。如中国妇产科学的主要开拓者、奠基人之一,被尊称为"万婴之母"的林巧稚,一心为乘客的售票员李素丽,新时代的"活雷锋"郭明义,他们都在各自平凡的岗位上做出不平凡的业绩,成为引领时代的楷模。因此,中职生在择业时不应受专业、收入、地域等的限制,好男儿志在四方,到社会及国家最需要的地方,个人的聪明才智才能发挥最大的作用,个人的职业理想才能得到完美的实现。

讨论与思考

1. 我们在制订职业生涯规划时,能照搬别人的规划吗?为什么?
2. 分析中职生职业生涯规划的特点。
3. 你的职业理想是什么?对你有什么作用?联系自身实际加以说明。
4. 尝试为自己制订一份职业规划。

(熊剑峰)

第4章

职业生涯规划基本理论

学习要点
1. 特质因素论的核心思想
2. 人格类型论对人格和职业的分类(即"六角模型"理论)
3. 萨柏的职业生涯发展理论中人生的五个阶段
4. 金斯伯格的职业生涯发展理论中人生的三个阶段

从职业生涯规划与职业理想的关系中,我们可以看出职业生涯规划对一个人的职业理想乃至人生发展具有十分重要的意义,我们必须认真对待。职业生涯规划的制订,是一个认识自我、探索社会的过程,为了制订符合个人发展愿景的职业生涯规划,需要了解和掌握一些职业生涯规划的相关理论。

第一节 人-职匹配理论

同学们为了当护士、助产士、药剂士等而各自选择了相应的专业,尽管大家学习都很努力,但毕业后有的同学并没有如愿以偿。这是为什么呢?究其原因,不外乎有两个方面:一是对自己不了解,二是对职业不认识,因此也就没能为自己确定一个职业目标。成功的职业生涯需要了解自己的个性特征,了解职业对个性的需求,因为每个人都有自己独特的个性特征,而每一种职业由于工作性质、条件、环境的不同,对从业者的知识、技能、气质、性格和心理素质的要求也不同。因此,进行职业决策时,要根据自己的个性特征选择与之相应的职业种类,这就是"人-职匹配理论"。如果匹配得当,职业成功的可能性就大大提高;反之,职业成功的概率就相对降低。在职业咨询与职业生涯辅导中,我们经常采用特质因素论和人格类型论作为依据。

重点提示

帕森斯特质因素理论和霍兰德人格类型理论的核心内容,就是强调人与职业的匹配。

一、帕森斯的特质因素论

1909年,美国波士顿大学教授弗兰克·帕森斯在《选择职业》一书中首次提出特质因素论,用来指导一般人进行职业选择时应当采取的策略。该理论的基本假定个人特质与工作要求条件可以相互适配,从而找出理想的职业生涯,因此又称为"适配理论"。

(一)特质因素论的基本观点

所谓"特质",就是指个人的人格特征,包括志向、兴趣、成就、价值观和个人人格等,可以经由测验或量表等工具来加以测评,以反映出个人的潜能。"因素"则指在工作上要取得成功所必备的条件或资格,可以通过分析工作而了解。帕森斯认为,在选择职业过程中,涉及三个主要因素,即对自我爱好和能力的认识、对工作环境的了解、两者之间的协调与匹配。基于这三个因素,他提出了"职业辅导三大原则":一是对自我进行探索,包括了解个人的兴趣、能力、成就感、价值观、资源、限制及其他特质;二是了解各种各样职业,譬如职业的技能要求、工作条件、薪酬福利、晋升的可能性、发展前途等;三是整合有关"我"与职业世界的知识,将上述两类资料进行综合并找出与个人特质匹配的职业。

(二)特质因素论的评价

特质因素论强调个人所具有的特性与职业所需要的素质及技能(因素)之间的协调和匹配,适用范围较广,当我们面临多个职业选择时该理论可以起到很好的帮助作用。同时,还可以帮助我们个人进一步明确未来的职业发展方向。但是,该理论以静态的观点看待个人特质,忽略了个人与职业都是不断变化、发展的事实,也忽视了社会因素对职业选择的影响和制约作用。

案例

走出精彩每一步

李菲中考结束后,摆在她面前有两条路:一是上高中,二是上中专。李菲拿不定主意,就和父母商量,父亲希望她谈谈自己的想法。李菲说:"爸爸,我觉得我的成绩上高中也不是不行,但是学起来会比较吃力,而且上高中之后还要面临高考。我要是上中专,直接学一门专业技术,就能早点就业,也好减轻家里的经济负担啊!"父亲听后,为女儿的懂事而欣慰,"可你想好学什么专业了吗?"他关切地问。"学什么专业,我想过,也挺纠结的。之前考虑过学幼师、会计、护理,但是我综合考虑了一下,还是想学护理。虽然都说当护士特别累,但是护理人才现在社会急需,好就业。再说学习护理,我当了护士,以后就是你和妈妈的'健康保险'啦!最重要的是,我儿时就有'白衣天使'的梦想,穿上神圣的护士服,救死扶伤,帮助患者恢复健康,这是多么幸福的事啊!"父亲和母亲赞许地点点头。李菲接着说:"学护理可不是我一时脑热决定的,我觉得自己的兴趣、性格、能力都挺适合当护士,才慎重决定的……"听完女儿的话,父亲语重心长地说:"菲菲,爸妈很高兴听你这么说,你长大了,路在你的脚下,走你自己想走的路吧,爸妈支持你!"

9月,李菲顺利进入市卫校学习。由于她友善、活泼、乐观,很快和同学们打成一片,还被选为班长。鉴于李菲高挑的身材,清秀的脸庞,班主任还鼓励她参加校护理礼仪队。之后的校园生活,李菲过得相当充实:她认真完成专业课、文化课的学习,学习先进的护理知识与技能,提升自己的综合素质;课余时间,李菲就在校形体训练室刻苦练习护理礼仪;周末,她组织同学们一起去市养老院做义务护工,为老人们做健康护理,或者照顾他们的生活起居,李菲被同学们赞为"最美的准护士"。

二年级,学校欲选拔三名学生组队参加市护理技能大赛。李菲通过层层筛选,成为三名选手之一。随后她与其他两位同学精诚合作,不负众望获得市一等奖,并代表市里参加省里比赛。就这样披荆斩棘,这三名学生一路成功晋级,并获得全国护理技能大赛一等奖!

因为李菲品学兼优,被推荐去省人民医院实习。在这期间,她虚心向带教老师学习,对待患者有爱心、细心、耐心、责任心,深受院方和患者的好评,因此,她获得了当年学校的"优秀毕业生"称号,而且还接到了省人民医院的录用通知书。参加工作后的李菲,更加努力,还主动申请援藏一年,而且还把自己的兴趣带到工作中。她把自己的摄影作品与同事们、患者分享;她把盆栽、插花放到病区,营造温馨淡雅、生机勃勃的意境;她还给因意外伤害导致双手残疾的患者讲感动中国人物刘伟的故事,让患者重振生活的信心;她还教患病的小女孩织围巾送给日夜照顾她的妈妈,让母女体会爱,并勇敢面对病魔……功夫不负有心人,李菲在全市卫生系统"最美护士"的评选中以绝对优势获得第一名!

案例分析:李菲从一个普通女孩到"最美准护士",再到"最美护士",看似偶然,可实际上,她的职业发展之路的每一步都蕴含精心的构思。她通过分析自己的能力,并结合社会需求,选择中专求学,进而又根据自己的梦想、兴趣选择了专业,在性格优势和爱好广泛的基础上,终于在专业技术领域有所建树。李菲的每一个进步都印证了职业生涯规划中最重要的理论之———人与职业匹配理论。

二、霍兰德的人格类型论

20世纪60年代,美国著名的职业指导专家约翰·霍兰德在帕森斯职业指导三要素的基础上,结合当时的人格心理学概念,提出了职业选择是个人人格的延伸,个人职业兴趣是人格特质的反映,这一理论被称为人格类型论。

(一)人格类型论的基本观点

霍兰德人格类型论把人格及与此相对应的社会职业划分为6种基本类型,分别是现实型(Realistic)、常规型(Conventional)、研究型(Investigative)、艺术型(Artistic)、社会型(Social)、企业型(Enterprising),并据此建立了目前世界上广泛应用的霍兰德职业兴趣测验。这6种基本类型人格特征见表4-1。

表4-1 霍兰德人-职匹配理论6种基本类型人格特征

人格类型	人格倾向	对职业的偏好
(现实型)R	倾向于简单、直接的方式处理问题,动手能力强,喜欢从事机械类工作;缺乏社交能力,不适应社会性职业	有运动机械操作的能力,喜欢机械工具、植物或动物,偏好户外运动,如:工程师、木工、机械工等
(研究型)I	倾向于理性、抽象的方式看待和处理问题,善于思辨和抽象思维,喜欢发现问题和探索结果;缺乏领导才能	喜欢观察、研究、分析、评估和解决问题的这类性质的职业,如科研人员、地质学家、数学家等
(艺术型)A	喜欢艺术性质的职业和环境,具有特殊艺术才能;想象、冲动、直觉、情绪化、有创意、渴望表现自我	倾向于直觉、艺术、创造、在自由环境中的工作,如:演员、导演、画家、舞蹈家等

(续　表)

人格类型	人格倾向	对职业的偏好
(社会型)S	倾向于通过协调种种社会关系获得成功,乐于交往,关心社会问题,善于处理人际关系	适合与人打交道、教导、帮助、启发或训练别人的工作,如:外交工作者、教师、导游等
(企业型)E	精力充沛,乐于挑战,重视金钱、权力、地位,并以此衡量得失,有较强的权力欲和领导演说能力,善社交	倾向与人群互动,有说服力、领导力,追求政治和经济上的成就的相关职业,如:政治家、律师、营销员等
(传统型)C	尊重权威,喜欢按计划办事,不喜欢冒险;顺从、谨慎、保守、稳重、有效率;有写作或数理分析的能力	喜欢有条理、按部就班的工作,能够听从指示,完成琐碎的工作,如:会计、办公室职员、秘书、出纳

霍兰德将以上6种基本类型抽象为一个六角形模型(图4-1),它们既相互独立,又有一定联系,即一个角与相邻的两个角的人格类型是相容的,与对应的三个角是不相容的,每一种人格类型都有与之相匹配的职业类型。

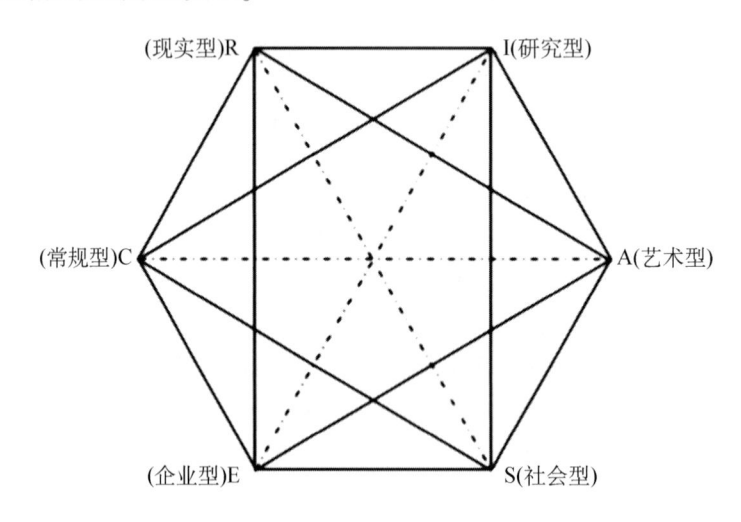

图4-1　人格类型论模型

(二) 人格类型论的评价

霍兰德的人格类型理论简单易懂,可操作性强,特别适合制订职业生涯规划时,帮助我们自我发现、自我认知、自我欣赏,引导我们更深刻地了解自己的性格、具备的能力、感兴趣的事和期望从事的工作,从而做到人格类型与职业类型相适应,人的个性特征与职业性质相匹配。

案例

梦想与现实

汤凡是一所中等卫生职业学校的二年级学生,暑假开始她便在一家社区医院实习。因为医院的工作又苦、又累、又枯燥,而且门槛很高,当她看到师兄师姐们毕业以后,当医药销售代表,工作轻松且收入可观,心生羡慕,她"人在曹营心在汉",也想从事医药营销,但她不知道自己是否适合干这一行,心里有些犹豫。

于是,汤凡带着困惑来到学校的就业指导中心。在就业指导中心老师的指导下,她做了基于霍兰德人格类型论的"职业自我探索量表"的测试。测试结果表明,汤凡并不适合从事医药销售。她是一个比较喜爱文学的女孩子,且情绪容易波动,挫折承受能力较弱,人际关系处理能力也不太强,不太适合做竞争激烈的工作。老师建议她从事药剂师工作,汤凡觉得这个建议还是比较中肯的,于是她决定踏踏实实留在医院实习,比以往更努力、更认真,在实习结束时,汤凡得到了院方的赞赏,获得了"最佳实习护士"的光荣称号!

案例分析:汤凡在进行职业选择时没有单纯考虑薪水和工作环境,而是从个性和职业生涯发展的关系出发,对职业进行慎重的选择。她通过职业测评和咨询,选择了适合自己的工作,并在工作中不断完善自己。可见,科学的职业测评,可以让我们更全面地了解自己的个性,清楚自己的优势,有的放矢地选择适合的工作并在工作岗位上发挥潜力!

> **知识链接**
>
> 霍兰德提出:个人兴趣类型与职业环境之间的适配将增加个人的工作满意度、职业稳定性和职业成就感。因此,占主导地位的兴趣类型可以为个人选择职业和工作环境指明方向,可以使用霍兰德类型来了解并组织自己的兴趣,根据它来探索及理解工作世界,从而了解可能有哪些适合于自己的工作领域。

第二节 职业生涯发展理论

其实,对于个人来说,职业态度从童年就开始孕育,并随着年龄、教育程度和人生经历发生着变化。西方学者针对这种不断变化的状况提出了各自的观点,他们从职业发展的角度,将人的一生划分为几个既相互区别又相互联系的阶段,每一阶段都有其固有的特点和任务,这些都是职业生涯发展理论的重要组成部分。

一、萨柏的职业生涯发展理论

萨柏是美国具有代表性的职业管理学家。他认为职业发展是人生成长的一部分,人在不同年龄阶段会扮演不同的角色,对生涯的意义也不同,人生的成长经历就像彩虹一样绚丽多彩(图4-2)。

萨柏从人终身发展的角度出发,根据自己"生涯发展形态研究"结果,并参照布尔赫勒的生命周期理论,提出了职业发展的生涯发展概念模式,他把人的职业发展划分为五个阶段:成长、探索、确立、维持、衰退,每个阶段又各有次阶段。

(一)成长阶段(0~14岁)

经历对职业从好奇、幻想到兴趣,再到有意识培养职业能力的逐步成长过程。这一阶段又分为3个成长期:幻想期(10岁前),从外界感知一些职业,并在游戏中模仿自己好奇的职业;兴趣期(11~12岁),以自我兴趣为中心,理解、评价一些职业;能力期(13~14岁),开始考虑获取感兴趣职业的条件,有意识地获取所需条件和技能。

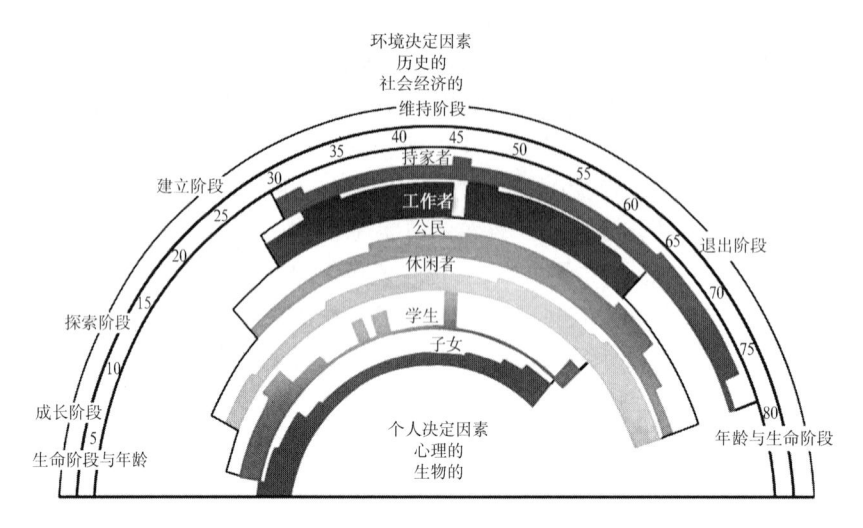

图 4-2 萨柏职业生涯彩虹图

(二)探索阶段(15~24 岁)

这个阶段逐渐意识到职业将成为生活的主要组成部分,开始进行初步的职业尝试,如做兼职。此阶段可分为3个时期:尝试期(15~17岁),开始考虑自己的兴趣与能力,以及职业价值和就业机会等,进行择业尝试;过渡期(18~21岁),查看劳动市场,或进行知识技能的培训;试验期(22~24岁),选定工作领域,开始从事某种职业。

(三)确立阶段(25~44 岁)

建立某种稳定职业的阶段,分为两个时期:稳定期(25~30岁),适应和评估初次选定的职业,或坚持或进行再选择再调整;前进期(31~44岁),最终确定职业,开始致力于某个稳定的位置,对大多数人来说,这是一个创造和成长的时期。

(四)维持阶段(45~64 岁)

对于大多数人而言,这个阶段一般达到"功成名就",开始维持现有的职业,维持已取得的成就和社会地位。

(五)衰退阶段(65 岁以后)

在此阶段,人的健康状况和工作能力逐步衰退,直至退出工作岗位,结束职业生涯。

在上述生涯发展阶段中,每一阶段都有一些特定的发展任务需要完成,每一阶段需要达到一定的发展水准,而且前一阶段发展任务的达到与否关系到后一阶段的发展。

二、金斯伯格的职业生涯发展理论

美国著名的职业指导专家金斯伯格是职业发展理论的代表人物之一,也是职业发展理论的先驱者。他研究的重点是从童年到青少年阶段的职业心理发展过程。他将职业生涯的发展分为幻想期、尝试期和现实期三个阶段。

(一)幻想期(11 岁之前)

处于这一时期的儿童对外界充满了新奇。此时职业需求的特点,完全凭自己的喜好,不考虑自身的条件、能力、社会需要与机遇,处于幻想之中。

(二)尝试期(11~17岁)

这是少年向青年过渡的时期。在这一阶段,人的心理和生理都在迅速地成长,自我意识以及价值观开始形成,知识和能力显著增长和增强,初步懂得社会生产和生活的经验。在职业需求上的特点:不仅有浓厚的职业兴趣,而且会客观地审视自身各方面的条件和能力;开始关注职业角色的社会地位、社会价值以及该职业的社会需要。

(三)现实期(17岁以后)

进入这一阶段的青年人,即将步入社会劳动,能够客观地将审视自我的职业愿望,同自己的主观条件、现实的职业需要协调起来,寻找适合自己的职业。这一阶段的职业追求是具体的、现实的职业目标,其特点是现实性、客观性。

人生的规划要与时代的步伐相结合,离开了现实条件,任何完美的计划都是没有意义的。人生的规划也不能离开对自己的客观分析,因为人的能力是有局限的,不能为所欲为。如何实现人生目标,需要分为几个步骤来完成,不是一两天的事情,也许需要很多年才能实现,我们应做好心理准备。只要每天都努力地实施和完成计划,我们就会离目标越来越近。

> **专家提示**
>
> 人生的丰富和变化无常,使每个人的职业生涯发展都会遇到许多独特的问题,特别是现代职场环境变化大,流动频繁,职业发展模式更加复杂多样。因此,不能机械地套用某一理论作为职业指导。

讨论与思考

1. 怎样理解特性—因素论职业指导的组成要素?
2. 霍兰德的人格职业类型匹配理论对职业是如何分类的?
3. 了解职业生涯发展理论,对中职学生的职业生涯规划有什么帮助?

(崔 岩)

第5章

影响职业生涯规划的因素

学习要点
1. 个人因素的内容以及对职业生涯的影响
2. 社会因素的内容以及对职业生涯的影响
3. 专业因素的内容以及对职业生涯的影响

科学的职业生涯规划,离不开科学的职业理论作为指导,同时还会受诸多因素的影响,比如兴趣、性格、能力、行为习惯以及价值取向等个人因素,家庭状况变化、区域经济动向以及行业发展的趋势等社会因素,还有帮助我们适应社会、融入社会的专业因素,都将对我们职业生涯规划的制订起着至关重要的作用。

第一节 专业因素

专业是国家根据社会分工需要和学科体系而划分的学科门类,专业因素是决定能否顺利就业的关键因素。专业定向意味着就业方向已基本确定,因此,专业的选择对于职业生涯发展是不可忽视的重要因素之一。我们应该结合职业兴趣与社会需求,找到适合自己的专业,了解专业对应的职业,为发展职业生涯奠定基础。

一、专业与其对应的职业群

(一)专业与职业群

专业是指教育机构培养专门人才的学业门类。专业具有明显的技术性和职业性,往往与社会上一定的职业群相对应,都有各自的教学计划,以体现本专业的培养目标和要求。比如,护理专业按照新的护理模式及护理发展要求,培养适应社会主义现代化建设实际需要、身心健康、人格健全、职业道德良好、具有较高的人文素养,具有独立学习能力、扎实的护理专业知识和过硬的护理实践能力,能独立从事医院临床护理、社区护理、基层医疗卫生机构护理工作,能开展护理教育和护理科研工作,并具有基本的护理管理知识的实用型高级护理人才。

职业群,顾名思义,就是指职业岗位群体所包括的职业岗位互相联系的一个职业系统。专业对应的职业群有两类，分别是横向发展的职业群和纵向发展的职业群。横向发展的职业群，指首次就业时择业面的拓展或今后可能转岗的职业；纵向发展的职业群，是有一段工作经历后可能晋升的岗位或转换社会角色的职业，主要体现为两方面：一是技术或职务等级的提升，二是能引起社会角色变化的职务、职业转换。

> **知识链接**
>
> 专业与职业相比较同样具有社会特性、经济特性、技术特性三大特性。而最大的不同在于专业的层次特性。专业的层次特性可以从两个方面划分：从学历层次，有中技、中专、大专、本科；从技术层面，有初级（技术工人）、中级（技术员）、高级（助理技师）、技师（工程师）、高级技师（高级工程师）。

（二）专业与职业的关系

中职三年正是我们人生最宝贵的青春时期，也是我们的人生关键阶段，个人毕业后准备选择什么职业，有什么职业规划，都与在校期间的专业学习密切相关。专业学习是个人职业发展的条件，职业发展是专业学习的目标。

通过专业的学习和职业指导，一方面可以使我们掌握专业理论和技能；另一方面可以帮助自己认识自我，了解职业、选择职业、获得职业和调整职业。在专业学习与职业发展的相互关系中，专业是职业选择的基础，职业目标是专业学习的动力，职业发展是检验专业学习的重要标准。

（三）专业与职业群的关系

1. **专业与职业群对口**　在这种情况下，个人的职业发展一直在所学专业的领域内，选择的职业与学习的专业相吻合，能够做到学以致用。比如护理专业毕业生就业岗位群有：医疗机构、母婴保健机构、疾病预防与控制机构、采供血机构、卫生检疫机构、医疗事故鉴定机构等。

2. **专业与职业群相适应**　这种情况就是选择的职业与学习的专业虽然方向一致，但职业发展超出所学专业领域，需要根据自己的职业规划，在学好专业的基础上通过选修或自学来提高自己的职业素质。例如护理专业的毕业生除对口职业外，还可以从事医学美容、涉外护理等工作。

3. **专业与职业有关**　这种情况需要在职业生涯规划的指导下，在学好本专业的基础上，同时辅修或自学其他专业课程。随着社会发展，这种情况愈发普遍，如护理专业学生毕业后不能或不想进入医疗行业工作，就必须在学好护理专业的同时，学习自己有兴趣的比如育婴、育儿、推拿按摩等课程，并取得相应的执业资格，从事月嫂、育婴师、推拿按摩技师等相关职业。

4. **专业与职业无关**　这种情况下，所学专业的某些方面在个人职业发展中有一定的重要性，但方向并不一致，这时应尽早调整专业，若为时已晚，应辅修其他专业。比如护理专业毕业生，通过专业调整，可以从事药品营销、卫生保健等工作。

总而言之，每个专业都有各自对应的职业群，而每个职业也都有各自横向和纵向发展的路线。所以，我们在制订职业生涯规划的时候，要未雨绸缪，从自己所学专业出发，结合自身的实际，设计出可行的规划方案，以保证职业生涯的成功。

> **专家提示**
>
> 选择适当的专业,明确个人职业发展方向,是决定能否顺利就业,实现人-职匹配的关键因素。当所学专业与个人职业方向不协调时,要早做准备。

二、职业资格与职业生涯发展

根据《劳动法》和《职业教育法》的规定,从事国家规定的职业的劳动者,必须取得相应的职业资格证书方可上岗,并把职业资格证书分为注册类资格(如注册会计师),执业类资格(执业医师、执业中医师、执业护士),许可类资格(教师证、钳工证、焊工证)。

(一)职业资格

职业资格是对从事某一种职业所必备的学识、技术和能力的基本要求。职业资格分为从业资格和执业资格两种。

1. **从业资格** 是指从事某一职业的学识、技术和能力的起点标准。从业资格由当地人事部门会同业务主管部门通过学历认定或考试来确认。

2. **执业资格** 是指政府对某些责任较大,社会通用性强,关系公共利益的专业实行准入控制,是依法独立开业或从事某一特定职业的学识、技术和能力的必备标准。执业资格由国务院劳动人事行政部门通过组织统一考试合格才能取得。

职业资格制度的重要意义在于:首先,它选拔和培养了一大批市场经济需要的专业人才,并提高了从业人员的业务素质、职业道德水平和参与市场竞争的能力;其次,它促进了有关行业管理体制的改革,规范了市场经营秩序;再次,它推动了中国人才管理制度与国际接轨。总之,职业资格制度是一个进步,因为它遵循的是所有职业向所有劳动者开放的原则,就业岗位的获得取决于个人能力而非其他因素。

(二)职业资格证书制度

我国《劳动法》规定,对特定的职业制订职业技能标准,实行职业资格证书制度,由经过政府批准的考核鉴定机构负责对劳动者实施职业技能考核鉴定。

1. **职业资格证书制度与职业资格证书** 职业资格证书制度是指按照国家职业标准,通过政府认定的考核鉴定机构,对劳动者的技能水平和从业资格进行评价和认证的国家证书制度。

职业资格证书是反映劳动者具备某种职业所需的专门知识和技能的证明。它是劳动者求职、任职、开业的资格凭证,是用人单位招聘、录用劳动者的主要依据,也是境外就业、对外劳务合作人员办理技能水平公证的有效证件。

2. **护士职业资格考试制度和护士执业许可证制度** 我国原卫生部(现国家卫生和计划生育委员会)1993年颁布的《中华人民共和国护士管理办法》中,规定了我国的护士执业资格考试制度和护士执业许可制度;2010年颁布的《护士执业资格考试办法》中,进一步明确了护士执业资格考试是评价申请护士执业资格者是否具备执业所必需的护理专业知识与工作能力的考试。考试每年举行一次,成绩合格者,方可申请护士执业注册。

> **知识链接**
>
> 在中等职业学校、高等学校完成国务院教育主管部门和国务院卫生主管部门规定的普通全日制3年以上的护理、助产专业课程学习,包括在教学、综合医院完成8个月以上护理临床实习,并取得相应学历证书的,可以申请参加护士执业资格考试。

护士执业资格考试包括专业实务和实践能力两个科目。一次考试通过两个科目为考试成绩合格。

> **重点提示**
>
> 护士执业资格考试每年举行一次,专业实务和实践能力两个科目一次通过成绩合格,才能向所在地卫生行政管理部门申请护士执业注册。

(三)职业技能鉴定

职业技能鉴定是一项基于职业技能水平的考核活动,属于标准参照型考试。它是由考试考核机构对劳动者从事某种职业所应掌握的技术理论知识和实际操作能力做出客观的测试和评价。职业技能鉴定是国家职业资格证书制度的重要组成部分。

职业技能鉴定的主要内容:包括职业知识、操作技能和职业道德三个方面,这些内容是根据国家职业技能标准、职业技能鉴定规范(即考试大纲)和相应教材确定的,并通过编制试卷进行鉴定考核。

职业技能鉴定方式:职业技能鉴定分为知识要求考试和操作技能考核两部分。知识要求考试一般采用笔试,技能要求考核一般采用现场操作、模拟操作等方式进行。

申报职业技能鉴定的要求:参加不同级别鉴定的人员,其申报条件不尽相同,考生要根据鉴定公告的要求,确定申报的级别。

> **专家提示**
>
> 职业资格标准是强化自身职业能力的依据,依据职业资格标准强化自己的职业能力,并选择考取相关的职业资格证书,是顺利就业的前提条件,也是职业生涯可持续发展的重要保证。

三、树立正确的成才观

所谓"成才",顾名思义,就是成为人才。而完整意义上的人才,乃是具有一定的知识、技能和品德,能承担一定的工作,并且在社会实践中做出突出贡献,能创造良好的经济效益和社会效益的人。很明显,成为这样的人需要经过一个较长的过程,这个过程大体可以分为两个阶段:一是学习和成长阶段;二是走上职业岗位并干事创业。这两个阶段之间是前后衔接、环环相扣的关系。

随着经济社会发展,人们的观念正在发生着变化,从过去看分数、重学历,变为越来越看重才智和能力,看重是否具有创造良好效益的特长。现在,我们是在校学习特定专业的中职生,未来我们则是掌握特定技能的职业人,只要我们肯积极进取、勤奋向上、积累经验,就一定能够成为创造高效益的人才。

(一) 人才的特征

1. 杰出性　杰出性是人才的根本属性。人才是一个群体概念,这个特殊群体区别于其他人员的根本特点就是杰出性,或超常性、优秀性。通俗地讲,人才就是杰出的人,是品德、知识、能力等素质优于一般人,创造的价值高于一般人,对社会的贡献、作用大于一般人的人,即素质较优、价值较高、贡献较大的人。人才就是对社会人员中相对杰出的那部分的统称。

2. 创造性　创造性是人才的突出特点。人才的创造性主要体现在创造性能力、创造性劳动和创造性成果方面。创造性能力是人才最核心的能力。具有一定的知识或技能,但是没有通过创造性劳动将知识或技能转化为创造性成果,充其量只是一个潜人才。

3. 社会性　人是社会的人,人才更具有社会性,是一定社会历史条件下的人才。人才的成长离不开社会,人才培养的过程是人才不断社会化的过程,人才的成才是人才个人努力和家庭、学校、单位、国家等社会各方面支持帮助共同作用的结果。人才的价值就体现在服务社会之中。

4. 实践性　实践出人才,人才源自实践,又接受实践的检验。人才在实践中确定自己的奋斗目标,探寻适合自己的发展道路,走出适合自己的成才之路。人才成长发展的过程就是不断实践的过程,成才之路就是实践之路。

5. 动态性　社会是变化的,人才也处于不断的变化之中。人才的动态性是社会的变化与人才自身变化共同作用的结果。人才的运动变化有三种:一是正向的变化,原来不是人才的经过努力成为人才,低层次人才经过提高发展为高层次人才;二是负向的变化,现代社会日新月异,人才竞争激烈,人才如果不能与时俱进,就可能退步和贬值,由人才蜕化为非人才;三是横向变化,通过学习和改行,由这种人才转变为另一种人才。

> **知识链接**
>
> 我国教育部在30年前曾明文规定:凡是具有中专以上学历的人就是人才。到了2003年,我国第一次全国人才工作会议又明确指出,有知识、有能力、能够进行创造性劳动,在政治、精神、物质三个文明建设中做出积极贡献的人都是人才。可见人才是一个随着时代发展而发展的概念。

(二) 正确的成才观

说到成才,自然需要搞清什么是"才"。《现代汉语词典》解释说,知识和能力为"才能",成为有才能的人为"成才"。那么,在社会需求和评价标准日趋多元、就业方式和就业岗位日益多样、努力建设人力资源强国的今天,需要什么样的成才观,怎样才算成才,怎样才能成才,确实值得探讨。

成才的路千万条,并非只有"独木桥"。尤其是目前大学毕业生就业压力很大,社会上中职生的需求反而日显旺盛,技工队伍中涌现出的岗位能手、劳动模范,受到社会的重新尊重,这些因素都在影响着人们的职业教育的看法,重新建立多元的成才标准。

(三) 成才的方法

说到成才,要搞清怎样去"成"。知识和才能是通过学习取得的,离开实践就谈不上运用,离开运用也就谈不上真正掌握。这些正是成才的过程。读过书,仅仅是具备了成才的较好基础,肯不肯力所能及地为社会做些有益的事情,是决定是否成才的关键。人之所以成才,不仅因其拥有较多的知识,更是因其在实践中掌握了解决实际问题的能力。换句话说,未经实践检验,充其量是个"准人才",还远不能说已经成才。

"用理想信念的明灯照亮人生的路。"在成才路上,倘若没有勤奋、专注的品质,没有对目标的执着、对挫折的坦然态度,没有将个人价值的实现和服务社会的要求结合起来,那么成才就只是空中楼阁。只有端正成才的动机,厘清成才的思路,明确成才的目标,找准成才的途径,才能在全社会树立正确的成才观,才能营造良好的成才环境。

伟大的时代,伟大的事业,需要千千万万各行各业的人才。科教兴国、人才强国,需要人才辈出的社会环境。我们期盼科学的成才观能够成为全社会的共识,期盼不拘一格育人才能够成为全社会的共同行动。

第二节 个 人 因 素

要设计出符合自身发展的职业生涯规划,第一步就是要客观地分析自我,做到"知己",从不同的维度着手,了解自己的兴趣、性格、能力、行为习惯以及价值取向,才知道自己适合从事什么样的职业,才能做到人与职业相匹配。

> **专家提示**
>
> 影响职业生涯发展的因素有很多,其中通过个人努力,我们可以培养职业兴趣,调适职业性格,提升职业能力,调整职业价值取向以及改善学习状况与行为习惯,使我们与即将从事的医疗卫生职业相匹配,更好地促进我们职业生涯的发展。

一、职业兴趣的探索与培养

同学们知道爱迪生吗?他在学校里被人骂为"傻瓜""低能儿",而被勒令退学,但却在发明的王国里显示了杰出的才华,成为举世闻名的科学家;在课堂上"智力平平"的达尔文,却在大自然的怀抱里显得异常聪明和敏锐,成为生物进化论的创始人。是什么使他们由愚蠢变得聪明了呢?是兴趣!

(一)兴趣

1. **兴趣** 兴趣是指人们对一定事物所持有的稳定而积极的态度倾向,是人们喜爱或不喜爱某项特定活动的态度,或者说,兴趣是人们积极探究某种事物的认识倾向。当一个人对某事物有兴趣时,会对它产生特别的注意力,对该事物感知敏锐、记忆牢固、思维活跃、情感浓厚、刻意追求。所以,兴趣是人们从事活动的动力,是成功的重要条件。

> **专家提示**
>
> 兴趣是最好的老师!
>
> ——达尔文

2. 兴趣的作用　人的兴趣是有差异的,有的人兴趣广泛,有的人兴趣狭窄。兴趣广泛的人对新生事物比较敏感,能够在学习中丰富自己的知识,培养自己的发展能力;而兴趣狭窄的人则会因生活内容贫乏而空虚,碌碌无为。

(二)职业兴趣

1. 职业兴趣的概念　职业兴趣是人们探究某种职业或者从事某种职业活动所表现出来的特殊个性倾向。当人们的兴趣对象指向某一职业时,就形成了一定程度的职业兴趣。所以,发现自己的职业兴趣是职业生涯规划中进行自我认知的一个重要方面。

讨论与思考

现有两份工作摆在一个人的面前:一份工资待遇较高,但与自己兴趣并不吻合;另一份工资待遇较低,却是自己喜欢的。有人说:"先接受那份待遇高的工作,等有了一定的积累之后,再去追求自己的兴趣爱好。"

讨论:你同意这种观点吗?请说明理由。

2. 职业兴趣的作用

(1)职业兴趣影响职业选择:职业兴趣是职业选择的重要依据之一。当一个人对某种职业产生兴趣时,他就能充分发挥积极性,大胆探索,增强克服困难的意志,最终取得职业生涯的成功。

(2)职业兴趣能促进事业的成功:职业兴趣是快乐工作的源泉,是职业活动成功的重要条件。一个人只有对某一职业产生了兴趣,才能做到干一行、爱一行、钻一行,并且根据兴趣的大小,投入相应的精力。职业兴趣浓厚,就会不懈追求这个职业,刻苦钻研、尽心竭力,而不知疲惫、不畏艰辛。在这样的状态下工作,就一定会取得优异的成绩。

(3)职业兴趣可以提高工作效率:当一个人喜欢自己的工作时,工作就不再是一种负担,而是一种享受。他一定会被这项工作所吸引,并调动全身心的积极性,最大限度地激发潜能,以充沛的精力,以敏锐的观察力、高度的注意力、丰富的想象力投入到工作当中去。这时,他的智力和体力都能够进入最佳状态,最大限度地调动其能动性和创造性,发挥其最大潜能,施展其才华。

(4)职业兴趣可以使人身心愉悦:如果一个人对自己所从事的工作充满浓厚的兴趣,那么他一定会在工作中情绪饱满,激情飞扬。在这样的状态下工作,不仅可以营造出一个积极的、和谐的、令人满意的工作环境,而且还能够保持工作的稳定性和长期性。因此,职业兴趣会影响一个人的工作满意度和工作稳定性,在很大程度上促进了人的身心健康和愉悦。

知识链接

据研究,如果一个人对某一工作有兴趣,他就能发挥其全部才能的80%~90%,并且长时间保持高效率工作。而对工作没有兴趣的人,只能发挥其全部才能的20%~30%,也容易精疲力竭。

(三)职业兴趣的探索

职业兴趣可以帮助我们正确地选择职业,提高工作效率,取得优异的工作成绩,从而使自己获得成就感和满足感,由此,我们可以看出兴趣对职业的重要意义。虽然同学们现在已经走进了卫生学校,并选择了自己喜欢的专业,但是,这个专业对应的职业你有兴趣吗?怎样才能找到自己有兴趣的职业?这是我们必须思考的问题。

讨论与思考

1. 你是否对某一职业非常向往?
2. 你是否能很快地学习它?
3. 你是否十分渴望重复它,是否能愉快地、成功地完成它?

美国学者霍兰德在几十年间,经过100多次大规模的试验研究,形成了人格类型与职业类型的学说和测验,帮助受试者发现和确定自己的职业兴趣和能力专长,从而科学地做出求职择业。他认为人格类型、兴趣与职业密切相关,兴趣是人们活动的巨大动力,凡是具有职业兴趣的职业,都可以提高人们的积极性,促使人们积极地、愉快地从事该职业。每一个人都可以归入一种人格类型,并对应于一种职业兴趣(图4-1)。

如何发现自己的职业兴趣呢?我们要不断开阔自己的视野,接触众多的领域,唯有接触才有机会去尝试,唯有尝试才能发现自己的兴趣。所以,我们要充分利用在校时间和学校的各种资源拓宽自己的视野。同时,在发掘兴趣的过程中也要做到从实际出发,要善于通过各种渠道了解同龄人的生活、学习和思维方式,了解前辈的经验教训……通过开阔视野和接触众多的领域,也许你就会发现自己真正的兴趣所在。我们还可以通过职业兴趣测评等工具,来发现自己的职业兴趣,进而评估职业兴趣与职业的适配度。

(四)职业兴趣的培养

职业兴趣不是先天就有的,而是在一定的社会生活环境中,通过参加实践活动逐渐形成的。职业兴趣的发展一般要经历三个阶段:从有趣开始,逐渐产生乐趣,并不断与奋斗目标相结合,最终发展成为志趣。如果一个人缺乏某种职业知识,或者根本不了解这种职业,那么他就不可能对这种职业感兴趣。相反,认识越深刻,情感越丰富,兴趣也就越浓厚。例如,有的人对集邮很感兴趣,认为集邮既有收藏价值,又有观赏价值,它既能丰富知识,又能陶冶情操,而且收藏得越多,越丰富,就越投入,情感就越专注,就越有兴趣,于是就会发展成为一种爱好,并有可能成为他的职业。

由于职业选择的影响因素比较多,有的人所从事的职业并不是自己最感兴趣的,比如弃文从理的中国力学之父钱伟长,年轻时喜欢文学与历史,但为了报效祖国,长中国人的志气,他毅然选择了物理专业,并在此领域做出了不朽的贡献。他说:"我没有专业,国家的需要就是我的专业"。可见,兴趣也不是职业选择的唯一标准,兴趣是可以培养的。

1. 培养广泛的职业兴趣 现代社会的就业竞争是非常激烈的,要在竞争中立于不败的地位,就必须有足够强大的职业能力。职业能力强的人,不仅对自己职业领域的东西有浓厚的兴趣,而且对其他方面也有一定的兴趣。这种人眼界比较开阔,善于应对多变的职业环境,即使工作性质有所变化,也能够很快地熟悉和适应新的职业岗位,因而在职业选择上有较大的余地。如一名护士,利用闲暇时间学习美容化妆,并取得相应的执业资格,当她失去护理工作后,也能靠原来的"业余爱好"继续她的职业生涯。兴趣范围狭窄、涉足面小的人,对新事物的适应性就要差些,在职业选择上所受的限制也多些。

中学阶段是职业准备阶段,通过家长的教育指导,鼓励孩子参加学校组织的各类活动,培养孩子的广泛兴趣,创造机会让孩子多接触真实的职业世界,在广泛兴趣的基础上发现自己的潜质和所喜爱的专业以及职业,这是职业生涯教育的内容之一。一个人的早期兴趣对其未来的职业活动起着准备作用,许多人日后的职业选择正是其早期兴趣影响的结果。

2. **在专业学习中培养职业兴趣** 我们进入卫生学校学习的每个人都有自己的专业,这从一定意义上说,就基本确定了我们未来的就业方向,今后能不能从事本专业所对应的职业,专业知识的学习和技能的掌握便成为一个前提条件。由于同学们尚处于职业兴趣的探索阶段,此时加强专业理论和技能的学习,可以增进对未来相关职业的了解,引导大家对相关职业产生兴趣。随着专业学习的深入和技能操作的熟练,同学们能体验到初次成功的喜悦,从而激发探索、尝试这个职业的热情。

3. **在职业实践中激发职业兴趣** 职业实践是走出校门、步入社会、了解社会、服务社会、体验人生、激发学习热情、修正人生目标的重要环节。只有通过社会实践,我们才能对职业本身有深刻的认识和了解,才能在职业态度上有所转变;只有在了解该职业在社会领域中的意义后,才能明确自己的社会价值,从而激发职业自豪感,进一步激发职业兴趣。也只有通过社会实践,才能够锻炼和培养职业能力,丰富和发展职业兴趣,充分调动各个方面的积极性,为将来的职业生涯打下坚实基础。

当然,职业兴趣形成之后,也不是一成不变的,随着自己知识水平和能力水平的不断提高,其职业兴趣也会逐步得到发展。同时,随着社会的发展,人们的职业兴趣也会出现新变化,因此,我们在实际生活中,要与时俱进,不断调整和丰富自己的职业兴趣,以适应时代对我们的要求。

二、性格剖析与调适

职业心理学认为,性格影响着一个人对职业的选择,一定的性格适于从事相应的职业。如,一个性格比较内向、不善言谈的人从事护理工作,其护理目标是难以实现的。因为护理工作的对象是患者,与患者打交道,没有和蔼的态度、良好的语言沟通能力,就无法建立起良好的护患关系。如果这样的性格不加以调适,护患关系就得不到改善,工作任务当然就无法完成。由此可见性格与职业相匹配的重要性。

(一)性格与职业性格

1. **性格** 性格是一个人在对待客观事物和行为方式中所表现出来的比较稳定的个性心理特征。它是由一个人的遗传、家庭与文化环境等因素的综合影响而形成的,并且会在一个人的态度、情绪、需求、兴趣、实践行为等层面表现出来。性格是人格的核心,最能反映一个人的生活经历,体现一个人的本质属性,是人与人之间相互区别的主要心理特征。比如《红楼梦》中的林黛玉多疑、敏感、执着、多愁善感、忧郁;王熙凤热情、泼辣、机智、灵活、善于变通、圆滑。她们性格上的差异,导致了一个是痛苦、忧伤的人生,一个是快乐、幸福的人生。

> **专家提示**
>
> 人的性格主要表现在两个方面:一是人对现实的态度,它表明一个人追求什么;二是人的行为方式,表明一个人如何去追求他所要得到的东西。

性格相对稳定，但又可以调适和完善。一个人虽然不能控制先天的遗传因素，却可以改变自己后天的性格。个人想改变命运，就必须改变自己的不良性格。

性格是由态度、意志和情绪等特征组成的有机统一体，其结构非常复杂，为了使人们更好地了解自己的性格，在生活和工作中扬长避短，改善人际关系，瑞士分析家荣格把性格分为外倾型和内倾型。外倾型的人对外界事物表现出关心和兴趣，善于表露自己的情感和行为并乐于与人交往；而内倾型的人对外界事物缺少关心和兴趣，不善于表露自己的情感和行为，而且不乐于与人交往。

2. 职业性格　职业性格是人们在长期特定的职业活动中所形成的对待职业的态度与行为方式中所表现出来的比较稳定的个性心理特征。

> **知识链接**
>
> 态度决定性格，性格决定命运，细节决定成败。

职业规划最关键的一步就是准确判断自己的职业性格，正确选择职业方向。性格会影响一个人对职业的选择，不同的性格适合从事不同的职业，有的人适合与物打交道，有的人擅长与人打交道；性格活泼的人适合具有挑战性的工作，性格内向的人适合比较稳定的工作。

(二) 剖析自己的职业性格

性格是一把双刃剑。我们在选择职业的时候，一定要扬长避短，选择适合自己性格的职业。教育学和心理学研究人员将职业性格分成九种基本类型，不同的性格类型对应着不同的职业类型，见表 5-1。其中，"自我评估" 是指结合类型特征来判断自己属于哪种类型，而 "他人对你的评估" 包括父母、老师和朋友等第三方对你的看法和评定。两相对比，以增加判断性格类型的准确性。

表 5-1　性格基本类型及其可能适合的职业

类型	特征	自我评估	他人对你的评估	可能适合的职业
变化型	在新的或意外的工作情境中感到愉快，喜欢有变化的和多样化的工作，善于转移注意力			记者、演员、推销员
重复型	适合连续从事同一种工作，按计划或进度办事，喜欢重复，爱好有规律的工作			纺织工、印刷工
服从型	喜欢配合别人或按照别人的指示去办事，不愿意自己担负责任			秘书、翻译
独立型	喜欢计划自己的活动并指导别人的活动或对未来的事情做出决定，在独立负责的工作中感到愉快			管理人员、律师、警察
协作型	与人协同工作时感到愉快，善于引导别人，希望自己能得到同事的喜欢			社会工作者、护士

(续表)

类型	特征	自我评估	他人对你的评估	可能适合的职业
劝服型	通过交谈或写作使别人同意自己的观点,对别人的反应具有较强的判断能力,并善于影响他人的态度、观点			辅导员、作家、宣传工作者
机智型	在紧张、危险的情况下能自我控制,在出差错时不会惊慌,应变能力强			司机、飞行员、消防员
自我表现型	喜欢表现自己的爱好和个性,通过自己的工作和情感来表达自己的选择和思想			演员、诗人、画家
严谨型	注重工作过程的各个环节,按照一套规则、步骤将工作过程做到尽善尽美。喜欢看到自己出色完成工作后的效果			会计、出纳员、打字员

(三)职业性格的调适

在当今社会,人一生中也许会有很多次变换职业的机会,而每一次变动却又对从业者提出了重新调适、完善性格的要求。因为不同的职业岗位对性格有着不同的要求,而每个人也都有自己的性格特征,有的与职业要求相符合,有的却与职业要求不一致。能适应职业要求的人,谋取职业岗位的机会就多,发展的空间就更大;反之,就很难在社会上立足。

一个人如何在激烈的就业竞争中立足,性格的完善和人格的健全是至关重要的。同学们正处于调适性格的重要时期,必须了解自己所学专业对应的职业对从业人员的职业性格有哪些要求,有意识地进行自我教育,通过榜样的力量来激发热情,陶冶性情,主动地在职业实践活动中不断地培养、调适和完善自己的性格,使之符合职业的要求,成为合格的从业者。

(四)卫生职业性格的要求

1. **态度特征**　要求医护人员对待工作有强烈的责任感;对待患者要热情、善良、诚恳;对待自己要自尊、自信、谦虚;必须具有救死扶伤的人道主义精神和一丝不苟的工作态度。

2. **意志特征**　要求医护人员在自己的行为控制和调节方面,表现出较高自觉性、果断性、坚韧性和自制性,如目的明确、勇敢果断、坚韧不拔、沉着冷静。

3. **情绪特征**　要求医护人员在情绪的控制调节方面表现出极强的控制能力和自我调节能力,对自己的情感有较强的把握能力,即使受到较强刺激或处于不利境地,仍然能使自己的情绪保持稳定,并约束自己的行为,能够做到不冲动任性。

> **知识链接**
>
> 民族英雄林则徐为了改掉自己急躁的性格,曾在书房醒目处挂起自己亲笔书写的"制怒"横匾,以此自警自戒,陶冶自己的情操。

总之,如果一个人的职业兴趣和职业性格与职业的选择发生错位,就会导致事业的不顺利甚至失败;如果一个人的职业兴趣和职业性格与职业的选择匹配得好,即使面对最艰苦的工作,甚至在逆境之中工作也会怡然自得、乐在其中,事业成功的概率也会大大提高。

三、能力分析与提高

随着《杜拉拉升职记》的热映,杜拉拉成为人们心目中成功的职业女性典范,杜拉拉成功的重要因素在于她突出的工作能力。一个人的职业定位是依照能力来确定的,职业能力需要在长期的学习及社会实践中不断磨炼才能形成。

案例

有一名自以为是的年轻人一直找不到理想的工作,在痛苦绝望之下,他来到海边,打算就此结束自己的生命。恰巧一位老人救下了他,问他为什么走绝路。年轻人说:"我得不到人们的赏识,也得不到社会的认可。"老人弯下腰捡起一粒沙子,让年轻人看了看,然后就丢在地上,说:"请你把刚才我丢的那粒沙子捡起来。""这根本不可能!"年轻人回答道。老人又从口袋里掏出一颗晶莹剔透的珍珠,让年轻人看了看,然后又扔在地上,说:"你能把它捡起来吗?""当然可以!"年轻人不假思索地回答道。这时,他恍然大悟:只有把自己打磨成耀眼的珍珠,才能让世人看到独特的才能。

(一)能力

能力是直接影响活动效率,并使活动顺利完成的个性心理特征。它主要包括观察力、记忆力、想象力和思维能力,是一个人完成工作任务的前提条件和影响工作效果的基本因素。

人与人不一样,主要是通过能力的差异来体现的。如果先天的遗传因素、后天的家庭与学校教育、社会实践以及个人的努力程度不同,人的能力就不一样。一个人如果有优秀的遗传因素、良好的家庭和学校教育、切合实际的社会实践、自身的不懈努力,那么,他的能力水平必定会很突出。

(二)职业能力

1. 职业能力　职业能力是人们从事某种职业必须具备的并在该职业活动中表现出的多种能力的综合。职业能力不是指某一种能力,而是多种能力的叠加,包括与职业活动相关的所有能力。比如一名合格的护士,除具有精湛的专业技能外,还必须具有较强的人际沟通能力、语言表达能力、团队协作能力等。

2. 职业能力的分类　职业能力分为一般职业能力和特殊职业能力。

(1)一般职业能力:指人们顺利完成工作任务必须具备的一些基本能力。比如任何职业岗位都需要的观察力、记忆力、想象力、思维能力以及面对挫折和失败的心理承受能力等。人们通常把一般能力称为智力。

(2)特殊职业能力:指人们从事某一职业必须具备的特殊能力。比如特定的职业所需要的计算能力、音乐能力、动作协调能力、语言表达能力、空间判断能力、人际沟通能力等。人们通常把特殊职业能力称为特长。

人的职业能力随着接受教育培训的深入和阅历的丰富会得到加强,我们应该在加强一般能力训练的同时,有意识强化与职业相关的各项能力的训练,注重职业能力的提升。

(三)提高职业能力的方法

著名心理学家奥托指出,一个人一生所发挥出来的能力,只占他全部能力的4%,也就是说还有96%的能力未发挥出来。由此可见,一个人的职业能力还有待于开发,并且职业能力的形成和提升是一个长期的过程,是需要经过相当长时间的学习以及在社会生活与实践活动中不断磨炼才能够完成的。

1. 在学校学习中提高职业能力　多读书,读好书,要做好知识、技能上的储备。包括掌握专业知识并注意与职业相关的其他专业知识的拓展,注重培养过硬的专业技能,这是我们提高职业能力的最佳途径。因为专业知识的多少、水平的高低,关系到将来能否顺利开展工作,如果能掌握尽可能多的专业知识和技能,就能打下坚实的基础。所以,我们必须努力学习和掌握专业知识和技能,并注重培养刻苦认真的学习态度和工作作风,加强身体锻炼和心理素质的训练,通过各种渠道培养"柔性"的职业素质,形成积极、健康、优秀的人格品质。

知识链接

如果你在学校考试时,100分的题错了一小题,可能会得到99分,最多是有些遗憾没能得满分;但在实际工作中,如果你所做的事情错了一小点,那么你可能得零分,这就是前功尽弃或是追悔莫及。

2. 在职业实践中提高职业能力　在职业实践中学习,是提高职业能力的主要方式之一。通过职业实践,将在校期间学到的理论知识,掌握的专业技能运用于实践,通过实践来检验我们学到的知识和技能是否适用,也只有通过实践,才能将学到的知识转化为能力。我们必须明白实践才能出真知的道理。同时,还要向同行中的专家、带教老师学习,从他们丰富的经验中汲取营养,这是我们强化自我职业能力的速成捷径。要学会观察问题、发现问题,善于解决问题的方法,通过自己的亲身经历获得实践经验,不断地充实自己,增强自己的实力。

四、职业价值取向分析与调整

案例

渔夫与商人

一名美国商人坐在墨西哥海边一个小渔村的码头上,看着一名墨西哥渔夫划着一艘小船靠岸。小船上有好几尾大黄鳍鲔鱼。这名美国商人问渔夫要多少时间才能抓这么多?墨西哥渔夫说,才一会儿工夫就抓到了。美国人接着问道,你为什么不待久一点,好多抓一些鱼?墨西哥渔夫觉得不以为然,这些鱼已经足够我一家人生活所需啦!美国人又问:那么你一天剩下那么多时间都在干什么?墨西哥渔夫解释:我呀?我每天睡到自然醒,出海抓几条鱼,回来后跟孩子们玩一玩,再跟老婆睡个午觉,黄昏时晃到村子里喝点小酒,跟哥儿们玩玩吉他,我的日子过得充实又忙碌呢!

美国人不以为然,帮他出主意说:我是美国哈佛大学的企业管理专业硕士,我倒是可以帮你忙!你应该每天多花一些时间去抓鱼,到时候你就有钱去买条大一点的船……再买更多渔船。然后你就可以拥有一个渔船队。然后你可以自己开一家罐头工厂。如此你就可以控制整个生产、加工处理和行销。然后你可以离开这个小渔村,搬到墨西哥城,再搬到洛杉矶,最后到纽约。在那里经营你不断扩充的企业。

墨西哥渔夫问:这又花多少时间呢?美国人回答:15~20年。

然后呢?墨西哥渔夫问。

美国人大笑着说:然后你就可以在家当皇帝啦!时机一到,你就可以宣布股票上市,把你的公司股份卖给投资大众。到时候你就发啦!你可以几亿几亿地赚!

然后呢？墨西哥渔夫问。美国人说：到那个时候你就可以退休啦！你可以搬到海边的小渔村去住。每天睡到自然醒，出海随便抓几条鱼，跟孩子们玩一玩，再跟老婆睡个午觉，黄昏时，晃到村子里喝点小酒，跟哥儿们玩玩吉他喽！

墨西哥渔夫疑惑地说：我现在不就是这样了吗？

故事启示：渔夫与商人的对话告诉我们，人生价值观决定我们的生活态度，从而也可以影响我们的职业取向，并导致我们做出各种职业选择，这种职业选择又决定了职业状况。所以，我们必须清楚自己的价值观，坚持什么样的价值观，就会选择什么样的职业。

(一)价值观与职业价值观

1. 价值观　价值观是人们对客观事物在满足主观需要方面的有用性、重要性、有效性的总评价和总看法。它是以一种观念的形式存在于人的思想中，成为对客观事物的是非、善恶及其重要意义的评价标准，影响着生命、生活的各个方面。一个人的人生是否有价值，是通过人与人、人与社会的关系体现出来的。对他人和社会有用的人，他的人生就是有价值的，作用越大，价值就越大。我们要成为一个对社会有用的人，就必须树立正确的价值观。

2. 职业价值观　职业价值观是人们对待职业的一种信念和态度，是在职业生活中表现出来的一种价值取向。它支配着人的择业心态、行为以及信念，反映了人们对工资、奖金、职务升迁等方面的偏好，体现了人们通过工作所要追求的是什么，最想从工作中获得什么。在这个社会中，人们有着不同的价值取向，有的崇尚拜金主义、享乐主义，有的人不辞辛劳、乐于奉献。我们必须清楚地知道：人生的真正价值在于对社会的贡献，而不是从社会得到和拿走多少。人的价值的大小是以贡献的大小来衡量的。由于我们每个人的成长历程、教育背景、生活环境各不相同，在职业价值取向上的要求和目标也各有差异，在面临一些得与失的选择时，往往左右我们选择的是自己的职业价值取向。譬如，有的人看重地位，有的人追求薪酬，有的人看重工作成就以及成就带来的满足感。

(二)职业价值取向的分类

一般来讲，绝大多数人的职业价值取向不是单一的，通常是多种价值取向的综合，也不会有一种职业能完全满足一个人所重视的各种价值观。所以，了解自己各种价值观的权重排序是非常必要的。

我国学者阚雅玲将职业价值观分为如下12类。

1. 收入与财富　工作能够明显有效地改变自己的财务状况，将薪酬作为选择工作的重要依据。工作的目的或动力主要来源于对收入和财富的追求，并以此改善生活质量，显示自己的身份和地位。

2. 兴趣特长　以自己的兴趣和特长作为选择职业最重要的因素，能够扬长避短、趋利避害、择我所爱、爱我所选，可以从工作中得到乐趣，得到成就感。在很多时候，会拒绝做自己不喜欢、不擅长的工作。

3. 权力地位　有较高的权力欲望，希望能够影响或控制他人，使他人照着自己的意思去行动；认为有较高的权力地位会受到他人尊重，从中可以得到较强的成就感和满足感。

4. 自由独立　在工作中能有弹性，不想受太多的约束，可以充分掌握自己的时间和行动，自由度高，不想与太多人发生工作关系，既不想制于人也不想受制于人。

5. 自我成长　就职后能获得培训和锻炼的机会，使自己的经验与阅历得以丰富和提高。

6. 自我实现　能够提供平台和机会使自己的专业和能力得以全面运用和施展,实现自身价值。

7. 人际关系　将工作单位的人际关系看得非常重要,渴望能够在一个和谐、友好甚至被关爱的环境中工作。

8. 身心健康　工作能够免于危险、过度劳累;免于焦虑、紧张和恐惧,使自己的身心健康不受影响。

9. 环境舒适　工作环境舒适宜人。

10. 工作稳定　工作相对稳定,不必担心经常出现裁员和辞退现象,免于经常奔波找工作。

11. 社会需要　能够根据组织和社会的需要响应某一号召,为集体和社会做出贡献。

12. 追求新意　希望工作的内容经常变换,使工作和生活显得丰富多彩,不单调枯燥。

以上 12 种职业价值取向中,同学们可以尝试着选出你认为最重要的三种并按重要性排序,从中就可以大致看出你的价值倾向,以便作为选择职业的参考依据。

(三)职业价值观的调整

职业价值观形成之后并非是一成不变的,它是具有可塑性的。一般来说,不同的职业会在不同程度上满足人们某方面的职业价值取向;各种职业的工作条件、工作方式、劳动强度、社会地位、经济收入、工作地域等差异特征,也会导致人们对不同职业做出不同的价值判断。通常情况下,工作越能满足一个人的职业价值取向,他的工作满意度就会越高,工作也就越能出成绩。所以,我们必须经常反思自己的职业价值取向,必须懂得我们从工作中获得的报酬不仅仅是金钱,还有珍贵的经验、良好的训练、才能的提升、品格的历练,懂得工作是学习经验、锻炼能力的机会,是给我们的发展空间,我们应该责无旁贷、不计报酬、任劳任怨地做好工作,这样我们才会得到更多。如果不明白这个道理,说明我们的职业价值取向是错误的,或者说我们的职业价值取向发生了偏差,就必须通过专业知识的学习,积极参加社团活动,参与班级事务的管理、先进人物事迹的学习等方式,来汲取"正能量",改造世界观,并通过职业实践活动来修正、调整职业价值取向,使之符合自身实际,符合社会的要求。

> **专家提示**
>
> 丰富的校园生活是一个锻炼人的大舞台,踊跃参加学校组织的各项社会实践活动,丰富自己的人生经历和体验,提高自身的综合素质和才能,才有可能在激烈的就业竞争中得到用人单位的青睐。

五、个人学习状况和行为习惯分析与改善

美国未来学家托夫勒有句名言:"未来的文盲不再是不识字的人,而是不会学习的人。"任何时候,我们都不能满足于现状,要自我鞭策,积极进取,学会学习。同时,要养成良好的行为习惯,帮助我们依据职业对从业者素质和能力的要求,制订发展计划,以适应未来职业发展的需要。

(一)学习状况分析

一个人的学习效果如何,往往会受到很多因素的影响,其中最主要的是学习动机和学习方法。

要改善我们的学习状况就必须从端正学习动机入手。学习动机是学习活动的推动力,它

是由学习兴趣、爱好、行为习惯等动力因素组成的。只有端正学习动机,明确学习目的,树立职业理想,确立职业目标,才能帮助我们正确地认识专业学习的重要性,从而激发学习的积极性,找到学习的方法,改善学习的状况。

两千多年前孔子说过:"知之者不如好之者,好之者不如乐之者。"意思说,干一件事,知道它不如爱好它,爱好它不如乐在其中。"好"和"乐"就是愿意学,喜欢学,这就是兴趣。有兴趣才会形成学习的主动性和积极性,才能找到有效的学习方法。比如制订切实可行的学习计划,重视课前预习并找出重点、难点和疑问;积极参与课堂活动,认真思考问题并归纳要点;善于吸取别人好的学习方法等。

"学有其法,学无定法。"每个人的智力因素和非智力因素存在差异,学习习惯和特点有所不同,因此我们要从个人的实际出发,结合自己的学习状况,发挥特长,摸索适合自己的有效学习方法。最好的学习方法最能帮助自己掌握好专业的知识和技能,为未来的职业生涯打下坚实的基础。

(二)行为习惯及改善

习惯表现为一种惯性的态度和行为。行为习惯就像指南针,指引着我们的行动。纵观历史,大凡获得成功的人,都得益于长期坚持良好的行为习惯。

多一个好习惯,就多一些自信;多一个好习惯,就多一分职业能力。好习惯是刻意培养出来的,如果不刻意培养好习惯,就会不经意地形成不良习惯。我们必须明白,平常形成的那些不良习惯,势必影响未来的职业生涯。所以,我们必须保持良好习惯,摈弃不良习惯。

1. 改掉不良习惯　首先就要知道什么是好习惯,这样才能看到差距,找到弥补差距的突破口,找出自己身上迫切需要改变的不良习惯。

2. 改变不良习惯需要循序渐进　不要奢望一下子就能改掉所有的不良习惯,否则会欲速则不达。我们应从小事做起,严格遵守规章制度,从点点滴滴做起,按照各种规范来要求自己,这是养成良好习惯的开始。

3. 行为习惯的养成是一个充满艰辛的过程　这个过程不仅曲折复杂,而且还会有反复,需要我们在思想上高度重视,必须持之以恒。

知识链接

有试验显示,一种行为重复21天就会初步形成习惯,90天的重复会形成稳定的习惯,总之,坚持的时间越长习惯越牢。万事开头难,坚持1天容易,坚持90天难,然而一旦养成,它就会形成一种旋涡效应,带动所有来到这座城市的人共同文明起来。

第三节　家庭与社会因素

若想制订出一份科学、可行的职业生涯规划,仅仅分析、认知、提升自我是不够的,还要认真分析与职业生涯规划相关社会因素,即家庭因素、行业因素和区域经济因素。

> **重点提示**
>
> 一个人职业生涯的发展,除了分析个人因素,也不应忽略外在因素,诸如家庭状况、行业环境、区域经济等。客观分析外在因素,有利于我们在进行职业定位时,做到"知己知彼",确立合理的职业目标。

一、家庭状况

一个人职业的发展、事业的成功,需要多方面的因素,包括个人素质、业务能力,还有周围的环境条件。其中家庭状况是影响职业生涯发展的重要因素。

(一)家庭状况与职业生涯规划

在成长的道路上,第一所学校是我们的家庭,第一位老师是我们的父母。父母的文化程度、工作职务、言谈举止、生活习惯,对我们未来选择求学专业、求职岗位起着潜移默化的作用;父母的认知水平,他们所营造的家庭氛围,对子女的教育方式,会对我们的性格、兴趣、能力、价值观、行为习惯以及未来职业取向起着直接或间接的影响。所以说,家庭作为社会的基本组成单位,在很大程度上会影响一个人的职业生涯规划。

案例

父亲帮助小芳恢复了自信

小芳是一个普通的农村女孩,学习成绩也不太好,中考自然也就没有考上高中。她对自己的人生有些心灰意冷,感到前景暗淡,心想自己现在年纪还小,先在家玩一段时间,等长大一点后再去找一份工作,然后再找个婆家嫁了就算对自己的一生有个交代。小芳的父母是老实巴交的农民,一直期盼着自己的女儿能有所出息,认为她学习虽然不怎么好,可心灵手巧;虽然上不了高中,但可以进中职学校去学一门技术嘛。他们把想法告诉了女儿,并苦口婆心地开导、劝说,最后帮助女儿恢复了自信,使她再次看到了希望。由于小芳从小就向往"白衣天使",于是进入了当地一所卫生学校学习。一家人可高兴啦!

思考:你的家庭给你的职业生涯发展提供了哪些帮助?

(二)家庭状况及其分析

家庭状况主要包括三个方面:一是父母的职业背景,他们的职业及从业经历会对子女的职业生涯发展带来重大机遇,对职业生涯规划产生重大影响;二是家庭的人际关系,人际关系是重要的就业资源,是发现机遇、把握机遇必须考虑的重要因素,会对职业生涯产生多方面的影响;三是家庭的经济状况,家庭的经济状况及其变化不仅影响职业的选择,而且还会影响对就业机遇的把握和职业理想的实现。

> **专家提示**
>
> 家庭状况的分析要掌握三个要领:①坚持实事求是,不要怨天尤人,也不要盲目攀比;②充分利用有效资源,不要完全依赖父母;③家庭状况不会一成不变,要用动态的眼光、发展的观点进行分析。

二、企业和行业环境

职业生涯规划中要全面分析企业和行业环境,做到"知彼",从不同的角度去了解企业的发展状况,行业的发展前景,才能制订出适合自己的职业生涯规划。

(一)企业环境

企业是生产经营的基本单位,是从业者生存发展的基础。我们在选择企业时,必须通过可能的一切渠道去了解该企业的情况,并进行全面的分析。比如,用人单位的声誉和形象是否良好?在本行业中的地位、现状和发展前景怎样?所面对的市场状况如何?是否能够提供适合自己的工作岗位?有无良好的培训机会?企业领导人怎样?企业管理制度怎样,是否先进开明?企业文化是否与自己吻合?福利待遇如何?只有这样,我们才能做到心中有数,做出正确的职业选择,制订出可行的职业生涯规划。

总之,通过以上分析,应理出一条清晰的线索,确定自己的职业生涯在这个企业中有没有足够的发展空间,衡量自己的目标是否能够在该企业得以实现。

> **知识链接**
>
> 企业环境包含硬件环境和软件环境。硬件环境指企业的设施、设备等。良好的硬件环境能激发员工积极、正面的工作情绪,引发员工对工作的自豪感和主人翁意识。软件环境指全体员工所认同和接受的企业理念、企业文化,这是影响企业经营效益和员工思想及行为的重要因素。

(二)行业环境

行业与企业不同,行业是职业的集合,行业环境是不同行业总体环境的总和。行业环境无时无刻不在影响着人们的工作和生活,让人们知道了这个社会有"三百六十行",但不是每一个行业都适合自己。我们在进行职业选择的时候,必须对即将进入的行业的发展状况、发展趋势、行业优势及存在的问题进行全面的分析;由于不同的行业对人才的层次、知识技能有不同的要求,求职者还要对即将进入行业的从业人员的知识技能、基本素质、能力倾向等方面的要求有较为深入的了解,这样才能做到知己知彼,从而做出正确的职业选择。

行业环境分析要结合社会大环境的发展趋势。因为科学技术的快速发展,势必会使那些日趋没落的行业逐渐消亡,具有发展前途的行业不断涌现和发展。比如,随着近年来移动互联网的兴起以及智能手机、平板电脑等移动设备的普及和运用,曾经风靡盛行的网吧行业如今已风光不再,日渐衰落。因为笔记本电脑和智能手机、平板电脑,这些产品基本能够满足人们上网和玩游戏的需求,如果在这个时候不了解情况,为了一时利益而盲目进入这个行业,必将会给自己的职业生涯造成严重的不良后果。

此外,还要注意国家政策的影响,分析国家政策对某一行业在一定时期内是扶持、鼓励还是限制、制约,尽量选择有前景、发展空间较大的行业。比如,我国为了实现世界卫生组织提出的"初级卫生保健"目标,需要大力发展医疗卫生事业,建立覆盖全民的基本医疗保障制度,通过开展农村基层卫生服务、城市社区卫生服务,来解决人民群众"看病难""看病贵"的问题;再如,《中国护理事业发展规划纲要》指出,我国护理人力资源短缺明显,远远不能满足人们健康保健的需要,今后将加大护士的培养,预计到2015年,全国注册护士总数达到286万,医护比达到1:1。因此,每年需要培养各层次护士15万人。

从以上材料可以看出,医疗卫生行业发展的前景是广阔的,护士专业的就业前景一片光明,我们要抓住这千载难逢的机遇,努力规划好自己的职业生涯。

重点提示

对行业环境的了解主要有三个方面:一是该行业的就业情况是否人满为患;二是该行业的人员结构,包括目前的、潜在的或未来的需求情况;三是该行业的平均工资水平和福利待遇、管理机制等。

三、区域经济

家庭因素、社会环境对职业规划的影响毋庸置疑,同样,区域经济的发展状况也不可小觑,也是影响职业选择的重要因素之一。

区域经济主要指的是该地区的经济形势、劳动力供求状况、产业结构以及人们的收入、消费水平等因素。

这些因素对中职生的职业选择和职业发展的影响是最显著的。当一个地区的经济高速发展,进入繁荣时期,企业则处于扩张阶段,对人力资源需求量增加,对于个人的职业选择和职业发展的机会增多。同时也会吸引更多的人才流入该地区,使区域人口规模不断扩大。当超过该区域"饱和量"时,则会导致个人职业选择和职业生涯发展机会减少,人才流向其他区域,该地区经济发展速度放缓,进入低迷期。所以,我们在制订职业生涯规划的时候,必须审时度势,根据变化着的经济形势来确定职业目标,这样的规划才切实可行。

案例

小王的职业目标

小王同学聪明伶俐,勤奋好学,对自己的未来充满自信,希望通过努力来改变自己的命运。从走进学校大门的那一天起,她就幻想着到大医院当护士。但是在进行职业生涯规划的时候,她看到不少同学把当地的三级甲等医院作为自己的职业目标,心里犯起了嘀咕:三级甲等医院我们都能去吗?为了解除心中的疑问,她作了一番详细的调查,结果是该医院早已人满为患,每年招聘的护士屈指可数。想想自己各方面的条件都不是很好,参与竞聘获胜的可能性不大。最后,通过一番深思熟虑,她把目标放到了竞争不太激烈的乡镇医院。

思考:小王到乡镇医院当护士的目标能实现吗?

目前,我国已经进入老龄化社会,再加之人们的健康、保健意识越来越强,对于护理、助产、康复保健等卫生专业的学生来说,这无疑是职业生涯发展的"春天"。卫生专业的中职生要高瞻远瞩地分析毕业后求职的理想区域,是回家乡助力卫生事业的建设,还是去较为发达的城市锻炼自我,抑或是去海外发展,学习先进的医疗卫生技术?总而言之,我们要积极关注自己所在区域的经济发展趋势,找到适合自己的、成功可能性大的个人发展方向,从而为"中国梦"的实现做贡献!

> **专家提示**
>
> 地域环境分析主要有三个方面：一是区域的特殊政策，特别是与中职毕业生就业有关的政策；二是该地域的意识形态特点，特别是其社会心理环境的特征；三是该地域的生活环境。

讨论与思考

1. 专业与职业之间有哪些关系类型？
2. 如何获得职业资格证书？
3. 个人兴趣、性格、能力对职业有什么影响？
4. 什么是正确的职业价值观？
5. 如何根据社会、行业、企业的外界环境，合理规划自己的职业？

（崔　岩　宋建荣）

第 6 章

职业生涯发展规划的制订与实施

> **学习要点**
> 1. 职业生涯目标的构成与选择
> 2. 职业生涯规划的原则与步骤
> 3. 职业生涯规划书的设计撰写
> 4. 职业生涯规划的实施与评价

第一节 职业生涯发展的目标

职业生涯发展目标是一个人在选定的职业领域内未来时点上所要达到的具体目标。中职生应结合自身情况、分析面临的优势和制约因素,综合权衡、统筹考虑,扬长避短地发展自己,力争做到在择己所爱、择己所长的同时择社会所需,理智地规划好职业生涯规划。

一、职业生涯发展目标的构成

职业生涯发展目标是人们对未来职业表现出来的一种强烈的向往和追求,对未来职业生活的构想和规划,是职业生涯规划中的核心部分。确立职业生涯目标,能帮助我们分析自身的优势和不足、评估个人目标和现实之间的差距。当目标确定以后,还要懂得为实现它,要得分几步走,也就是如何将目标进行分解,从而搭建起理想与现实之间的桥梁。一般来说,目标的分解可以按性质和时间两种途径来进行。

> **专家提示**
> 进行职业生涯目标设定时,必须认清个人职业价值取向,所确定的目标必须既要实事求是,又要激人向上。职业生涯规划中非常重要的一点就是,要学会选择职业生涯的路线。

(一)按性质分解

美国职业心理学家施恩教授把职业生涯分为外职业生涯和内职业生涯。外职业生涯是指经历一种职业的道路,包括教育、工作、退休的各个阶段。内职业生涯更多地注重于满足的主观感情或所取得的成功等。

1. 外职业生涯目标　外职业生涯是指在职业生涯过程中所经历的职业角色及获取的物质财富的总和。

外职业生涯目标包括了以下内容。

(1)工作内容目标:可以详细列出在某一阶段计划将要完成的工作内容。

(2)职务目标:职务目标应当具体明确,比如护师、会计师、美容师、工程师等。

(3)经济目标:根据自身的能力素质,结合市场行情确定一个大致的经济收入数目。

(4)工作地点目标和工作环境目标:可以列出自己对工作地点和工作环境的特殊要求。

外职业生涯目标主要体现在从事一种职业时的工作时间、工作地点、工作单位、工作内容、职务与职称、工资待遇等因素的组合及其变化过程。

2. 内职业生涯目标　内职业生涯目标指在职业生涯发展中透过提升自身素质与职业技能而获取的个人综合能力、社会地位及荣誉的总和。

内职业生涯目标主要包括以下内容。

(1)工作能力目标:工作能力是对处理各种工作问题能力的统称,例如护患沟通能力、护理管理能力等。工作能力目标应当切合发展条件、具有挑战性,并与该阶段的职务(职称)目标所要求具备的条件相适应。

(2)工作成果目标:工作成果是进行绩效考核的一个重要指标,只有优秀的业绩成果,才能为晋升之途铺砌阶梯,同时也会给我们极大的成就感和荣誉感。

(3)心理素质目标:心理素质是性格品质与心理能力的综合体现,在当今社会越来越受到人们的重视,只有拥有良好的心理素质,我们才能战胜挫折,克服困难,走向成功。

(4)观念目标:观念是对事物的态度和价值观,事物总在不断地发展变化中,人的思想也应在不同的环境中与时俱进,我们要自觉地总结经验,不断修正观念目标。

内职业生涯的发展是外职业生涯发展的前提,内职业生涯目标侧重于职业生涯过程中的知识、经验的积累,观念、能力和内心的感受,它是他人无法替代和窃取的人生财富,它更多地注重所取得的成功或满足的主观感受。

> **重点提示**
>
> 外职业生涯的因素通常由别人决定、给予,同时也容易被别人否定、剥夺;内职业生涯的因素主要靠自己探索获得,不随外职业生涯的获得而自动具备,也不随外职业生涯的失去而自动丧失。

(二)按时间分解

职业生涯目标按时间分解,可以看成是给按性质分解的目标做出明确的时间划分,可分为最终目标、长期目标、中期目标和短期目标。一般来说,职业生涯目标短期目标服从于中期目标,中期目标服从于长期目标,长期目标又服从于人生最终目标。

职业生涯目标的设定,是以自己的最大兴趣、最佳才能、最优性格、最有利环境等条件为依据的。常言道:无志之人常立志,有志之人立长志。职业生涯目标的作用,就在于它能引领我们从现在走向美好的未来,将理想的人生变为现实的人生。有目标,生活才不盲目;有追求,生活才有动力。

案例

鱼和鱼竿的故事

从前,有两个饥饿的人遇到了一位长者,长者给了他们两样东西:一根鱼竿和一篓鲜活硕大的鱼,任选其一。一个人要了一篓鱼,另一个人要了一根鱼竿,于是他们分道扬镳了。得到鱼的人原地用干柴搭起篝火煮起了鱼,他狼吞虎咽,还没有品出鲜鱼的肉香就把鱼吃完了,接着把汤也喝了个精光。不久,他便饿死在空空的鱼篓旁。另一个人则继续忍饥挨饿,提着鱼竿一步步艰难地向海边走去,可当他看到不远处那片蔚蓝色的大海时,他浑身的最后一点力气也使完了,只能眼巴巴地带着无尽的遗憾撒手人寰。

后来,又有两个饥饿的人,他们同样得到了长者恩赐的一根鱼竿和一篓鱼。只是他们并没有像前两个人那样各奔东西,而是商定共同去找寻大海。他俩每次只煮一条鱼,经过遥远的跋涉,终于来到了海边。从此,两人开始了合作捕鱼为生的日子。几年后,他们都过上了幸福安康的生活。

故事启示:一个人只顾眼前的利益,得到的终将是短暂的欢愉;一个人目标高远,但也要面对现实的生活。只有把理想和现实有机结合起来,把长远目标和短期目标结合起来,才有可能成为一个成功之人。有时候,一个简单的道理,却足以给人意味深长的生命启示。

二、职业生涯发展目标的选择

俗话说,不怕专业冷,只怕艺不精;三百六十行,行行出状元。不管你学什么专业,只要明确了职业目标,并能够学有所成,就一定会成就一番自己的事业。

(一)职业生涯发展目标选择的意义

选择一个恰当的职业生涯目标是走向成功的关键因素。一般来说,先根据自己的性格、气质、兴趣、特长、价值观和社会环境等因素确定人生目标。不同专业有不同的职业生涯规划,关键要让专业成为你发展的基石,不断去调整和积累,职业发展之路才能越走越宽。

知识链接

哈佛大学有一个非常著名的关于目标对人生影响的跟踪调查,对象是一群智力、年龄、学历、环境等条件都差不多的年轻人。调查结果如下:3%的人有清晰且长期的目标;10%的人有清晰但短期的目标;60%的人有较模糊的目标;27%的人无目标。25年后,再次对他们做跟踪调查,结果令人十分吃惊!有长期目标的人通过不懈努力、执着追求,大都有了自己的事业,成了社会各界名流和精英,生活在社会的最上层;有短期的目标的人,通过努力其短期目标不断被达成,也成为各行各业的专业成功人士,大都生活在社会的中上层;有模糊目标的人,他们虽能安稳地生活和工作,但都事业平平,没有骄人的成绩,大都生活在社会的中下层;而那些没有目标的人,由于没有追求和向往,所以生活都过得很不如意,常常失业,甚至靠社会救济过日子,他们只能生活在社会的底层。

启示:如果你不知道自己未来的目标,你就永远到不了那里;如果你没有自己的目标,别人就会为你做主;如果你对自己的未来没有计划,你就会成为别人计划里的一枚棋子。这个世界上永远是有希望的人带着没有希望的人前进,没目标的人为有目标的人服务。

(二)职业生涯发展目标选择的方法

对职业生涯发展目标的选择,特别是长远目标的选择将影响人的一生。因此,我们选择职业生涯发展目标时可以通过预测、衡量、比较,即"筛一筛、量一量、比一比"后,再做出决定。

1. 预测　预测是设想各种方案,进行可能性评价,估计其可能的结果(包括成功的结果和失败的风险)。预测,即"筛一筛"。对设想的各种方案进行可行性评价,肯定有实现可能性的,划掉不切实际、不可能达到的目标,缩小备选方案的范围。

2. 衡量　衡量即考虑事物的轻重得失。"量一量"是依据发展目标,对自己实际、发展机遇及其变化趋势的反思。在正确进行自我认识和评价的基础上,对发展目标做出合理的选择,既要明确自己的强项,也要知道自己的短板,"我能干什么"是选择发展目标时必须回答的问题。人贵有自知之明,职业生涯发展目标的选择要从三方面进行衡量:

(1)了解职业目标对从业者的素质要求,衡量自己现实条件与之匹配的程度;

(2)了解职业目标对从业者可能有的回报,衡量自己价值取向得到满足的程度;

(3)了解职业目标对外部环境的要求,衡量自己可能有的发展机遇与之相符的程度。

在衡量过程中,既要主观符合客观、个人与社会协调、现实与发展统一,又要立足现实、着眼未来。

3. 比较　"比一比"是在衡量所得结果的基础上,对各备选方案比较、排序,比较目标优劣,确定最优方案。目的是从多个备选方案中,挑选出最符合本人发展条件的方案。

> **重点提示**
>
> 通过预测、衡量、比较三步的分析,最后做出终结性决定和调整性决定。终结性决定,是已选出了最佳方案;调整性决定,是对原有方案不满意,重新寻找发展目标方案。

(三)选择目标时应注意的问题

选择目标既要从现实出发,又要考虑到将来可能会发生的变化;既要客观地认识自己,又要全面地认识职业。

1. 符合社会需求　社会是不断发展变化的,在选择职业生涯目标时,既要考虑到所处环境、社会资源及政策法规等方面的影响,又要考虑到内、外环境的需求,特别是行业的需求。我们要将职业生涯发展目标的选择与社会、时代和经济的发展联系起来,在不断进取、不断探索中调整自己的目标。

2. 适合自身特点　每个人都有自己的特点和优势。根据特点和优势选择的目标,才是符合实际的,才能在实现目标的过程中处于主动、有利的地位。只有准确定位,才能取得职业生涯的成功。因此,在确立目标的过程中不能定得过高,也不能定得过低。目标太高就脱离了自身实际而无法实现,这样就会失去兴趣;目标太低会轻而易举地实现,得来全不费工夫,会觉得没有意义。

明确目标是我们职业生涯成功的开始。有了明确目标,还必须为实现目标去寻找最适合自己的行进路线,为实现目标而做出行之有效的安排,不断地把行动与目标加以对照,了解现实与目标之间的差距,自觉克服困难,努力达到职业生涯目标。

案例

山田本一的夺冠秘密

山田本一是日本著名的马拉松运动员。他曾在1984年和1987年的国际马拉松比赛中两次夺得世界冠军。记者问他凭什么取得如此惊人的成绩,山田本一总是回答:"凭智慧战胜对手!"大家都知道,马拉松比赛主要是运动员体力和耐力的较量,爆发力、速度和技巧都还在其次。因此对山田本一的回答,许多人觉得他是在故弄玄虚。10年之后,这个谜底被他的自传中的一段话揭开了。山田本一这样写道:"每次比赛之前,我都要乘车把比赛的路线仔细地看一遍,并把沿途比较醒目的标志画下来,比如第一标志是银行;第二标志是一个古怪的大树;第三标志是一座高楼……这样一直画到赛程的结束。比赛开始后,我就以百米的速度奋力向第一个目标冲去,到达第一个目标后,我又以同样的速度向第二个目标冲去。40多千米的赛程,被我分解成几个小目标,跑起来就轻松多了。开始我把我的目标定在终点线的旗帜上,结果当我跑到十几千米的时候就疲惫不堪了,因为我被前面那段遥远的路吓到了。"

故事启示:目标是需要分解的,一个人制订目标的时候,要有最终目标,比如成为世界冠军,更要有明确的绩效目标,比如在某个时间内成绩提高多少。

三、职业生涯发展目标必须符合发展条件

(一)职业生涯发展目标的发展条件

职业生涯发展条件分为外部和内部两类;外部条件主要指发展机遇,如自身家庭状况、区域经济特点和行业发展动向;内部条件主要指自信心、个性特点、学习状况、行为习惯等。

要选择适合自己的发展目标,必须符合外部条件和内部条件。职业生涯规划是追求成功职业生涯和人生发展的规划,不同的目标,对智力、个性有不同的要求,所以在选择目标时,要认真分析本人个性特点、学习状况和行为习惯等方面的现状,对自己有一个比较准确的综合判断,既要立足现实,进行自我评估,看清现在的我,了解自己在家庭、学校、社会及职业发展中不同的自己,更要着眼发展,看到将来的我,要找出自己的优势并发扬光大,这样才能不断提升自身素质,朝着预定方向发展,使自己有一个成功的职业生涯。

专家提示

确立目标的过程,是自我认知、自我赞同、自我承诺、自我实践的过程。自我认知、自我赞同,就是实事求是、一分为二地看待自己,使目标既立足现实,又不妄自菲薄。自我承诺、自我实践,就是下定实现目标的决心,把目标转化为激励自己的动力,立足于择己所爱、择己所长、择己所需、择己所利,制订的职业生涯目标才能真正实现。

(二)职业生涯发展方向和目标

1. 职业发展方向的确定　职业发展方向是由所学专业来决定的。这个方向应该具有以下特点:与自己的人生价值、人生抱负一致;与自己的兴趣、个性特征一致;与自己的智能特点、潜力一致;符合社会发展需要、顺应社会发展的大趋势。

2. 职业发展目标的确定　在认识自己,了解社会的基础上,选择恰当的职业生涯目标,并为实现这个目标构建发展阶梯,设计发展阶段。每个阶段性的目标设计要由远到近,越来越清晰、具体,只有当前目标具体明晰时,经过短期目标累计才可能实现长远目标。

3. 职业生涯路线的选择　职业生涯路线就是从开始进行职业生涯规划之日起,到职业生涯目标实现的整个过程中的职业轨迹,是为实现职业生涯目标而设计的一系列活动。在职业生涯目标实现的过程中,发展路线不同,其要求也有不同,因而必须对职业生涯路线做出选择,使学习、生活等能够沿着职业路线和预设的方向前进。

第二节　职业生涯规划的设计

职业生涯规划是一个环环相扣的连续过程,在制订职业生涯规划的设计过程中,必须利用科学的方法,按照一定的步骤,符合特定的原则,保证制订的职业生涯规划科学、有效。

一、职业生涯规划的原则

规划职业生涯要考虑性格、兴趣、特长与职业的匹配,内、外环境与职业的适应,以自己的最佳才能、最优性格、最大兴趣、最有利的环境为依据,合理地选择职业生涯目标。进行职业生涯规划时,应该遵守如下原则。

(一)整体性与阶段性

职业生涯规划是人们一生职业发展、职位变迁及职业理想实现的过程,在这个过程中,每个人都会经历不同的发展阶段,都有着不同的目标和任务。比如,要当护士,第一阶段的任务是学习专业知识,第二阶段的任务是培养专业技能,第三阶段的任务就要获取执业资格,最后才能去应聘护士。在这个过程中,各个阶段环环相扣,任何一个环节出现问题,都会影响到职业目标的实现。因此,我们在进行规划的时候必须把握整体结构,各阶段的目标任务清晰、明确,措施具体、可行,以保证制订的规划科学、有效。

(二)目标性与可行性

确立的职业目标既要符合自身实际,又要具有实现的可能性。如果目标脱离实际,难免会遭遇挫折,自信力就会下降,甚至对所确立的目标产生怀疑,最终将失去追求目标的动力。确立了正确的职业目标,还需要选择正确的路径来实现。可以实现目标的途径会有很多,但未必每一条都适合自己,在进行职业生涯规划时,我们必须考虑到自身的特点及与环境的相关因素,选择切实可行的途径。

(三)激励性与合作性

职业生涯目标符合自己的性格、兴趣和特长,就能对自己产生内在激励作用。另外,从事个人喜爱的、擅长的职业,人在职业中就得到更多的满足,工作因此更加出色,从而实现个人的职业生涯目标。合作性就是寻求个人利益与集体利益的结合点,实现共同利益的最大化。

(四)适应性与适时性

规划是确定未来的职业目标,是预测未来的行动,在实现的过程中会遇到许多不确定因素,既有个人素质、个性等方面的主观因素,也有社会环境、机遇等方面的客观因素,因此职业规划应有弹性,根据专业所对应的职业群尽可能多做几个方案,以增强其适应性。如果没有明确的时间限定,就很容易使职业生涯规划置于无限期的空谈之中。

> **重点提示**
>
> 职业生涯规划的实施,必须有顺序和时间的妥善安排,有计划、按步骤地进行,才能完成目标任务,收到预期效果。

二、职业生涯规划的步骤

职业目标的实现,必须要有切实可行的计划和措施、方法和步骤,否则,我们的美好愿望和职业理想只能变成一个无法实现的梦想。

(一)确立志向

俗话说:"志不立,天下无可成之事。""立志"是人生的起点,反映着个人的理想、抱负和远大胸怀,影响着个人的事业成就,所以,确立志向是职业生涯规划的关键。

(二)准确评估

1. 自我评估　自我评估是制订规划方案的前提,是认识和了解自己的重要方法。自我评估的内容包括个人的性格、兴趣、能力、特长、专业知识、技能、价值观、情商和潜能等。通过评估,全面而深刻地认识和了解自己,为自己未来职业生涯的抉择打好基础。自我评估的方法主要有以下3种。

(1)经验评价法:即他人对你的评价。经验评价的内容包括师长、同学、朋友评价以及学习成绩、成长经历和成败经验等方面。经验评价法是常用的方法,其优点是简单易行,张口就来;缺点是比较主观,准确性低。

(2)职业心理测评法:职业心理测评是通过一系列的科学手段,对当事人的基本心理特征(能力、兴趣、性格、气质及价值观)进行测量与评估,帮助人们了解自己的个性特征适合从事什么类型的职业,帮助当事人进行职业选择与职业生涯规划。

(3)橱窗分析法:心理学研究认为,对个人的了解可以从自己对自己了解和他人对自己的了解两个维度进行分析,就像橱窗一样,大小可以变化(图6-1)。

图6-1所示橱窗的含义如下。

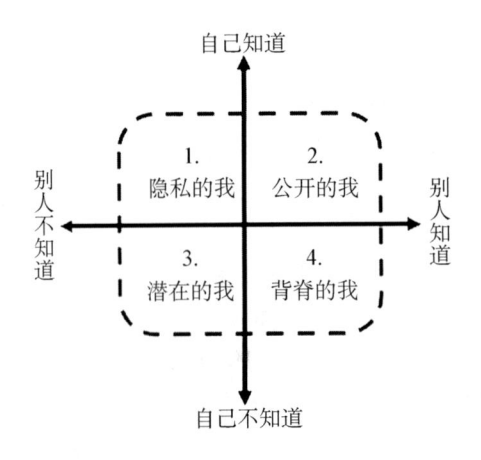

图6-1　橱窗分析法

橱窗一,公开的我,即自己知道,别人也知道的部分,是个体表现于外,没有隐藏的部分。

橱窗二,隐私的我,即自己知道,但别人不知道的部分,属于个体内在的私密部分。

橱窗三,潜在的我,即自己不知道,别人也不知道的部分,是个体潜在的未开发的部分。

橱窗四,背脊的我,即自己不知道,但别人知道的部分,就像一个人的后背,本人看不见,可是别人看得却很清楚。

总之,职业能力与素质的准备、职业意识的觉醒,是越早越好,不是越晚越好。只有正确地认识、剖析和评价自我,才可能科学地选择确定适合自己发展的职业道路。

2. 职业生涯机会评估　职业生涯机会的评估主要是评估内、外环境因素对自己职业生涯发展的影响,分析政治环境、经济环境、社会环境及企业、行业环境的特点,需求状况、发展趋势、自己与外部环境的关系,外部环境条件对自己的影响、利弊。只有对这些环境因素充分了解,才能做到复杂环境中避害趋利,确定适合自己的职业发展目标。

(三)确定职业发展目标

确立职业发展目标是职业生涯规划的核心,也是一个人职业生涯成败的关键。

1. 深刻认识自己和环境　职业生涯发展目标是在"知己""知彼"的基础上确立的。"知己"就是要了解自己,了解自己的职业志向、兴趣、爱好和性格,尽可能使自己确定的职业发展目标同自己内心的职业发展期望相吻合。"知彼"就是要了解社会,了解将要从事的行业、职业的发展趋势、社会需求以及相关信息,使自己确立的职业发展目标同外部社会环境相适应。只有在深刻认识自己,认识环境的基础上确定的职业生涯发展目标才有实现的可能性。

2. 科学设定目标　职业生涯发展目标是引领职业生涯发展的一座灯塔,因此,职业生涯发展目标的设定要科学,不能盲目和草率。科学设定目标是指职业生涯目标可量化、可考核和能实现。可量化,指用数据描述职业生涯发展目标;可考核,指所设定的职业目标可以通过评估来判定是否适合自己;可实现,指确定的职业生涯发展目标经过努力是可以实现的。作为学生,要充分认识科学设定目标在个人职业发展中的重要作用,科学地设定目标,才能够激励自己执着地追求,为实现自己的职业理想而不懈努力。

3. 推进目标实施　确定了职业生涯发展目标,并不等于职业生涯发展目标就能实现,因此,推进职业生涯目标的实施就显得至关重要。人的职业生涯目标从确定到实现有一个相当漫长、曲折的过程,需要付出艰苦的努力。

> **知识链接**
>
> 爱迪生曾说:"天才是99%的汗水加1%的灵感。"每个人要想达到自己理想的高度就必须付诸行动,没有人能随随便便就可以取得成功。

一个人事业的成败,很大程度上取决于有无正确的职业生涯发展目标。职业生涯目标的确定一定要根据自身的实际情况,不能好高骛远、过于理想化,也不可能一步登天,过高或过低的目标都不利于个人的职业生涯发展。一般情况下,先确立人生目标和长期目标,再根据需要进行目标分解,确立中期目标和短期目标,目标还可以细化为年目标、月目标、周目标、日目标。

(四)设定职业发展路线

俗话说:"条条道路通罗马。"但并不是通往罗马的条条道路都适合自己。在职业目标确定之后,我们要根据自身的条件,选择一条最适合自己的路线,这是职业生涯发展能否成功的重要步骤。

由于发展路线不同,对我们的职业素质要求也不同。因此,在制订职业生涯规划过程中,必须对选择的发展路径进行认真的研究,根据要求进行必要的准备,制订好计划、措施,才能朝着确定的职业目标顺利前行。

案例

拒绝当总统的科学家

1952年11月9日,爱因斯坦的老朋友以色列首任总统魏茨曼逝世。在此前一天,就有以色列驻美国大使向爱因斯坦转达了以色列总理的信,正式提请爱因斯坦为以色列共和国总统候选人。当日晚,一位记者给爱因斯坦的住所打来电话,询问爱因斯坦:"听说要请您出任以色列共和国总统,教授先生,您会接受吗?""不会,我当不了总统。"爱因斯坦刚放下电话,电话铃又响了。这次是驻华盛顿的以色列大使打来的,大使说:"教授先生,我是奉以色列共和国总理的指示,想请问一下,如果提名您当总统候选人,您愿意接受吗?"爱因斯坦回答说:"大使先生,关于自然,我了解一点,关于人,我几乎一点也不了解。我这样的人,怎么能担任总统呢?"大使劝说:"教授先生,已故总统魏茨曼也是教授呢。您能胜任的。"爱因斯坦回答说:"魏茨曼和我不是一样的。他能胜任,我不能。"大使进一步劝说:"教授先生,每一名以色列公民,全世界每一名犹太人,都在期待您呢!"不久,爱因斯坦在报上发表声明,正式谢绝出任以色列总统。在爱因斯坦看来,当总统可不是一件容易的事。同时,他还再次引用他自己的话:"方程对我更重要些,因为政治是为当前,而方程却是一种永恒的东西。"

思考:爱因斯坦是伟人,伟人与常人的不同地方就在于他们比常人看得远、看得深,绝不随波逐流,绝不为尘世间的一点名利轻易改变自己,去干对别人来说也许是梦寐以求的但却不适合自己的事。爱因斯坦明白自己的性格适合当科学家,搞研究,不适合当总统,搞政治,如果一定要让他当总统,那可就总统当不好,科学研究也搞不出,因为谁也做不到又当总统又搞科研,两边都能干出成绩来。

(五) 制订实施行动方案

行动方案一般包括职业生涯发展方向、专业能力培养、学习培训安排、实践活动计划等。把目标转化成具体的方案和措施,目的是学习掌握专业知识和技能、提高职业能力,拓展视野、开发潜能,积累社会实践经验。这一过程中行动方案包括职业生涯发展路线的选择、职业的选择,相应的教育和培训计划的制订。行动方案要具体、可行,容易测评,以便随时检查,制订计划的目的是为了更好地行动,应避免为了做计划而计划,制订一些不可能实施的计划,更不能做好计划就束之高阁,一定要有行动方案,按步骤完成。

(六) 规划评估与反馈调整

俗话说:"计划赶不上变化。"由于社会环境的巨大变化和一些不确定因素的存在,有的变化因素难以预测,会使我们与原来制订的职业生涯目标与设计有所偏差,这就需要对原来的职业生涯目标与设计进行评估与修正,以更好地符合自身发展和社会环境的需要。

职业生涯设计的评估与反馈过程是对自己的不断认识过程,也是对社会的不断认识过程,是使职业生涯规划更加有效的有力手段。首先,要对目标的执行情况进行总结,确定哪些目标已按计划完成,哪些目标还未完成;然后,对未完成目标进行分析,找出未完成原因,制订相应的对策及方法;最后,依据评估结果对以后的计划进行修正与完善。修正的内容包括:职业的重新选择,职业生涯路线的重新选择,人生目标的修正,实施措施与计划的变更等。如果有必要,也可考虑对职业目标和路线进行修正,但要谨慎考虑。

> **专家提示**
>
> 推进职业生涯目标实施的方法:一是要坚定目标信念,在目标实施过程中不要轻易更改目标和降低目标,要表现出"咬定青山不放松"的精神;二是强化行动能力,在实施职业生涯目标领域要表现出较强的行动能力,少说、多做,在行动上下功夫,并长期坚持不懈;三是要定期检查和修正,实现职业生涯目标,其时间周期较长,定期检查修正职业生涯目标是非常有必要的。

三、阶段性发展目标的特点和设计思路

职业生涯发展阶段是指个人职业生涯中各个不同特征的时期,明确了不同阶段的目标、任务、特征、学识要求,才能制订出行之有效的计划、措施,更好地促进个人的职业生涯发展。

(一)职业生涯发展阶段

职业生涯发展是一个人长期的发展过程,在不同人生的发展阶段,个人有着不同的职业需求和追求。职业生涯发展阶段的划分是职业生涯规划研究的一个重要内容,具体阶段的划分,不同的学者有不同的观点。萨珀的生涯发展阶段理论,将职业生涯分为成长和准备阶段、初步确立阶段、稳定发展阶段、维持阶段、离职退休阶段。

(二)阶段目标的特点与要素

长远目标是分阶段实现的,各阶段目标之间应该是阶梯式的关系,前一个目标是后一个目标的基础,后一个目标则是前一个目标的方向,所有的阶段目标都应指向长远目标。

1. 阶段目标的特点　阶段目标有三个特点:一是必须"跳一跳",需为之付出努力才能达成,不是轻而易举就能达到;二是"够得到",可望又可及,不脱离社会现实,不脱离自身条件;三是"很具体",让自己明确,为实现目标需要从哪几个方面做出努力。

2. 阶段目标"四要素"　职业生涯规划的阶段目标应包含四个要素:一是"什么",指具体的职位、技术等级等;二是"何时",指什么时间达到;三是"内涵",指该职位对从业者素质的具体要求,及该职位对从业者可能有的精神、物质方面的回报;四是"机遇",指达到此目标应有的外部环境,以及环境变化后的调整手段或备选方案。

> **专家提示**
>
> 在职业生涯的初期,我们做的工作可能是自己不喜欢,也可能是不想一生从事的工作。但是,职业发展是从做好本职工作开始的,当你还没有能力做好一件工作时,就没有资格说不喜欢。

(三)阶段目标的设计思路

阶段目标构成是职业生涯规划优劣的重要标志。脉络清晰、阶梯合理、分段有据、内涵明确、表述准确、衔接紧凑、直指长远目标,是设计阶段目标时需要注意的。

1. 设定阶段目标的要领　分段数量上,职业生涯发展的阶段目标既可分为近期目标与中期目标两大段,也可细分为3~5个阶段,甚至更多。在表现形式上,有人用简图,有人用表格,

有人用文字叙述,有人兼而用之。形式是为内容服务的,关键在于简明扼要、一目了然,能发挥阶段目标的自我激励和自我监督作用。在分段方法上,既可以按职务晋升设计自己的阶段目标,也可以按职业资格标准的提升安排阶段目标,还可以按时间设计自己的阶段目标。

2."倒计时"的设计思路　阶段目标的设计思路有很多种,"倒计时"的设计思路即是其中之一。"倒计时"的设计,既可以把"什么"即职位或职业资格标准作为台阶,再确定上每个台阶的时间;也可以把"何时"即年龄段或时间段作为台阶,再确定每个台阶应达到的目标,即根据达到长远目标所需要的台阶,一步一步往回倒着设计。

构建阶段目标必须在根据已确定的长远目标的要求,认真分析自身现有条件的基础上,对两者间的差距进行分解,然后分步推进。构建不断提升的各阶段目标,目的在于缩小"现在的我"与"未来的我"之间的差距,分段提升自身素质,不断向长远目标努力。

(四)围绕近期目标补充发展条件

围绕近期目标补充发展条件,是在分析职业生涯发展条件与机遇的基础上进行的。如果决定毕业后立即就业,应全面了解近期目标中的职业和岗位对从业者的职业兴趣、职业性格、职业能力、专业知识和专业技能等方面的要求,以及相应的职业资格标准和行业职业道德规范。如果决定毕业后立即创业,应该多了解对创业者的素质要求;如果决定毕业后先升学、再就业,则应打听升学的各种途径及其要求。

> **重点提示**
>
> 在职业生涯早期,对自己锻炼最大的工作是最好的工作;在职业生涯中期,挣钱最多的工作是最好的工作;在职业生涯后期,实现人生价值最大的工作是最好的工作。

了解清楚近期目标后,再分析自己的素质和能力与近期目标要求的差距,针对差距,补充发展条件。在进行发展条件补充分析时,对"现在的我"和"未来的我"都要有充分的认识,我们既要正视现状,更要预见未来,既要立足现实,又要把握变化。

首先,了解"现在的我"。可以写出自己的专业特长、兴趣爱好、性格特征、能力潜质,近年职业兴趣的变化,成功和失败的经历等。然后根据记录的情况给自己做出评价。

其次,预测"未来的我"。在现有的基础上,对通过自身努力可能取得的进步进行分析。这既是确定职业生涯目标的重要依据,也是制订目标实现计划的基础。

通过了解现在的我,预测未来的我,其核心是要找准优势、找出差距。找准优势,才能有信心,才能在今后的职业生涯中更好地扬长;找出差距,才能根据职业发展目标的要求提升自己,才能及时补短。人的细胞每时每刻都在更新,每天都有新的细胞产生,老的细胞消失,从这个角度看,每天的你,都是一个新的你。你对未来职业生涯的规划,以及为之付出的努力,决定了你今后的人生道路。

规划书范例

我的未来不是梦

一、前　　言

奥斯特洛夫斯基曾经这样说过:"人的一生应当这样度过:当一个人回首往事时,不因虚度年华而悔恨,也不因碌碌无为而羞愧。"每当我回想起这句话就心潮澎湃,心情无比激动,一次次地发誓将来不要虚度年华、碌碌无为,一定要成为一个有所作为的人。今天,我终于做出了一个成熟的决定,选择了向往已久的"白衣天使"。我相信,只要坚定地迈出这人生中关键的一步,那么,不论遇到什么样的困难,也不能阻挡我前进的步伐,所有坎坷都会成为我的垫脚石。我希望早日成为一名合格的护士,以实现我梦寐以求的愿望。

二、自身条件分析

(一) 现在的我

我叫赵小芳,今年十六岁,现在就读于重庆市医药卫生学校。很小的时候我就有一个朦朦胧胧的想法,希望以后能学医,成为一名医生去治病救人!随着时光的推移,我慢慢地长大了,在面对人生选择时,社会给了我这样的机会,让我圆了儿时的梦,成了人们眼中的"白衣天使"。终于,带着美好的憧憬我穿上了洁白的护士服,成了一名护理专业的学生。

(二) 明天的我

我希望自己将来能成为一个"白衣天使",飞进那"悬壶济世"的殿堂,为那些遭受病痛折磨的患者解除苦楚,成为一名优秀的护士。我知道,要成为一名护士必须要掌握丰富的护理专业知识和娴熟的专业技能,这就需要我认识和了解护理专业,培养浓厚的专业学习兴趣,这样才能学好护理专业。通过一段时间的学习,我渐渐地对护理专业产生了兴趣,而且还越来越浓厚,我可以这样说:我已经爱上了护理专业。同时我也相信,我一定能学好这个专业。

(三) 性格探索

护士之所以被誉为"白衣天使",就是因为她关爱生命,守护生命,对待患者胜似亲人,纯洁、善良、诚恳、富有爱心;对待工作一丝不苟,救死扶伤,童叟无欺;对待自己严格要求,自律、自尊和自觉。总之,"天使"就是燃烧自己照亮别人,就像冬日里的一束阳光,把自己奉献给一个个伤痛患者,给他们送去温暖。我非常希望成为一名这样的"白衣天使"。我是一个活泼、开朗、助人为乐的女孩,性格方面也比较外向,爱交朋友,诚恳直率,有亲和力,如果成为一名护士,与患者建立良好关系是十分有利的条件。但是,我对行为控制和调节的能力比较差,不能严格要求自己,自觉性不太强,有些怕困难,脾气也有些急,遇事不太冷静,有时也控制不好情绪。这些性格方面的缺陷对于一名护士来说是致命的。我要成为一名护士,就必须向那些性格好的同学学习,培养自己的耐心、慎独精神和责任心,在平时的学习、训练中调适和完善职业性格。

(四) 能力探索

作为一名优秀的护士,不仅需要具备常规诊疗护理技能和熟练掌握护理三级操作技能,而且要有很强的亲和力、沟通能力、语言表达能力,以及较强的综合分析能力,敏锐的洞察力。我认为自己还是比较聪明好学的,动手的能力也比较强,同学们也时常夸我的手工活做得好,可以用心灵手巧来形容,这是我的一大优势,对于我尽快掌握护理操作技能应该会很有帮助。由于我的性格比较外向,乐于助人,善于与人交往,具有一定的人际沟通能力和语言表达能力,有利于与患者建立良好的护患关系。总的来说,我在思考问题的时候还是比较理性的,尽可能做到全面而避免片面地看问题,具有一定的观察、分析能力,这对做好护理工作来说是非常重要的。当然,我的优点和具备的能力并不是说我就可以成为一名合格护士了,而只能说我具备了成为一名护士的潜在能力,与真正的护士的差距还是很大的,需要我在校期间做好知识、技能上的储备,注重学习态度、工作作风和人格品质的培养,学会观察问题、发现问题和解决问题的方法、能力。我相信通过努力,一定能使自己的知识不断得到充实,能力不断得到增强。

对于"我想干什么""我能干什么"等问题,我做了"个性测试""职业兴趣测试"和"能力测试",结果表示,我属于"实际型和研究型"的人格和职业类型。"实际型"的人格倾向是严肃、认真,喜欢从事具有操作技能的工作,能够独立钻研业务,动手能力强,这与护理工作的要求是高度一致的,所以我选择护士这个职业没有错;"研究型"的人格倾向是聪明、理性,喜欢从事智力型的工作,能够用抽象的分析方法去思考问题。那么对于热爱护理专业的我来说,将来又多了一个选择,那就是在做好护理工作的基础上,还可以去从事护理研究,如果有所成就的话,说不定还能成为一名护理学者呢。

(五) 职业价值观探索

为什么要干护士这一行,人们出于不同的目的会有不同的职业价值观。我认为,一名合格的护士应当具有以下职业价值观。

1. 护士的任务是照护患者,帮助患者恢复健康。护士应该是一个富有爱心的人。
2. 护士照顾的人基本都是患者,是一种对生命的不离不弃。护士应该是一个珍惜生命、关爱生命的人。
3. 护士照顾患者需要对患者的病情有详细的了解。护士应该是对生命科学有兴趣的人。
4. 护士的价值在于对社会的奉献,而不是索取。护士应该是一个道德高尚的人。

由此看来,护士的职业价值观是在学习和训练中内化而形成的行为准则。我要成为一名合格的护士,就要自觉地改造世界观,不断提高职业道德水准,树立全心全意为患者服务的思想,通过护士这一职业舞台为社会做自己能做的事,而不是为了自己的需要而通过护士这一职业来捞取什么好处。

三、社会环境分析

(一) 家庭环境

我出生于一个农村家庭,爸爸外出打工,妈妈在家务农,并且有病在身。爷爷、奶奶的年龄也大了,身体也不太好,家里的生活挺艰苦的。父母含辛茹苦地抚养我和弟弟,一年到头省吃俭用供我们上学读书,希望我们今后能有所出息。我深知父母的艰辛,我想让爸爸、妈妈不再那么辛苦,今后能过上好一点的生活,我暗暗地发誓,一定要好好读书,多学一些知识和技能,这样也许能改变我家的命运。我家虽然很穷,但穷人的孩子懂事早。在这样的家庭环境中我养成了不怕困难、不轻言放弃的性格,学会了自信。命运不是上天安排的,命运的改变得靠我自己去努力、去奋斗、去拼搏!

(二) 学校环境

重庆市医药卫生学校是一所在渝、涪、黔地区都具有很大影响力的国家级示范学校,教学设施完善,师资力量强,培养的学生每次在全国护理技能大赛中都能取得优异成绩。在这样的学校里学习,我能受到良好的职业教育,接受规范的专业技能训练,掌握更多的护理专业知识,为我成为一名合格护士打下良好的基础。我的学习成绩在班级里属于中上等,虽然非常喜欢上专业课,但是由于自己的文化基础不太好,学习过程中难免会遇到困难,特别是一些专业理论不太容易理解。但我有端正的学习态度,坚定的理想信念,坚强的毅力和信心,并虚心好学,不耻下问,这样就一定能成就自己的心愿。

(三) 职业环境

1. **全国职业需求** 根据最新的数据统计,我国共有注册护士224万人,世界上大多数国家的护士约占本国总人口的千分之五,而我国仅占千分之一,以此计算,我国尚缺数百万名护士。

2. **区域职业需求** 涪陵现在正在建"双百"城市,要在100平方千米的土地上容纳100万人口,这对于该地区的医疗卫生行业来说是一个发展的重要机遇。一所现代化的中医院建设已经基本完工,不久就要投入使用;1500张床位规模的三级甲等中心医院破土动工,这将会提供更多医疗护理的岗位,缓解医疗护理行业的就业压力,对于我们护理专业的学生来说,无疑是一个大好消息。

3. **城区医院对护士的需求** 当前护士就业的形势不容乐观,城区医院对护士的需求基本上处于饱和状态,并且对上岗人员的条件、要具备的素质的要求越来越高。因此,护士岗位的竞争仍将非常激烈。

4. **乡镇医院对护士的需求** 农村长期以来是一个缺医少药的地方,特别是我的家乡,地处偏远山区,条件艰苦,医疗设施差。国家为满足广大农村居民基本医疗卫生需求,缓解城乡卫生人力资源分配不均的现状,加大了对乡镇卫生院的支持力度,特别是新农村医疗合作的开展,加快了乡镇医院建设的步伐。这让我看到了希望,城区的医院容不下我,我就到农村去,相信自己在那广阔的天地里一定会有所作为的。

四、职业目标的确定

(一)职业目标的定位

我的职业目标是:为社会主义新农村建设贡献一份自己的力量,也为实现我梦寐以求的愿望,运用在学校所学到的专业知识和技术为广大人民群众解除病痛和身心健康提供服务,到乡镇医院做一名护士。

(二)现在的我与目标的差距

由于我是刚刚迈进卫生学校的中职学生,在专业方面什么都不懂,什么也不会,离我的职业目标还存在着知识、能力等方面的差距,必须通过不懈努力来缩小(表6-1)。

表6-1 职业与目标的差距及克服方法

知识方面的差距	一名合格的护士需要很多方面的知识,不仅专业知识要扎实,专业技能要娴熟,而且还要掌握心理学、伦理学、人际沟通等社会人文方面的知识,因此我要通过努力学习来加以弥补
能力方面的差距	护士要有亲和力、沟通能力、语言表达能力、综合分析能力和洞察力。这些能力都需要我在学习期间,去寻找锻炼机会培养,比如担任班干部,培养组织管理能力和人际沟通能力,通过解决问题培养观察能力和分析能力。学校里有许多优秀的老师,他们是我学习的榜样,从他们身上我可以学到许多东西
学历方面的差距	将来无论是在城区医院还是乡镇医院工作,都离不开知识,而知识一般都是通过提升学历增长的。现在城区医院几乎都要求护士具有大专以上的学历,而我毕业后只能获取中专文凭,这在今后的职业生涯发展中是很有限的。为了适应社会的需要,我还必须在可能的条件下继续深造,努力考取大专文凭,为今后的职业发展开拓更大的空间

五、职业目标的分解

鉴于与职业目标的差距,结合自身的条件,我必须把它分解为短期目标、中期目标和长期目标,这样才有可能实现最终目标(表6-2)。

表6-2 短期、中期、长期目标

规划类型	阶段目标	达到目标
短期职业规划	中职毕业	1. 争当优秀毕业生 2. 考取职业技能证书 3. 获取中职毕业证书
中期职业规划	高职毕业	1. 考取计算机等级证书 2. 考取英语等级证书 3. 获取大专毕业文凭 4. 考取护士执业资格证书
长期职业规划	去当护士	1. 了解各乡镇医院对护士的需求状况 2. 选择一所合适自己的医院应聘 3. 应聘成功,尽快适应环境,做合格护士

六、实现目标的具体措施

为了使阶段目标得以顺利实现,我制订了如下措施来加以保障(表6-3)。

表6-3 实现目标的措施

规划类型	阶段目标	实施时间	具体措施
短期职业规划	中职顺利毕业	第一学年 2012—2013	1. 在学校学习阶段充分利用校园环境及条件优势,努力,学好专业知识,熟悉护理操作技术流程,培养学习能力和生活能力 2. 培养和提高组织、协调能力和人际交往能力 3. 培养自己的兴趣爱好多参加与专业有关的实践活动 4. 与同学建立良好的关系
		第二学年 2013—2014	1. 学好内科、外科、儿科、妇产科等学科的基础知识 2. 掌握护理操作技术,并通过职业技能考试获取证书 3. 学好计算机课程,为考取计算机等级证书奠定基础 4. 努力在考试中取得好的成绩,在操作技术上争取得到老师们的认可,顺利进入临床实习工作中实习,争取评上优秀毕业生
		第三学年 2014—2015	1. 尽快适应实习工作环境,尊重带习老师,建立良好师生关系 2. 克服恐惧心理,保持良好的心态,磨炼坚强意志 3. 听从指导老师安排,勤学苦练,积极做事,不怕脏,不怕累 4. 实习中多做、多看、多学,培养不耻下问的求学精神 5. 利用业余时间做好高职考试的准备

(续　表)

规划类型	阶段目标	实施时间	具体措施
中期职业规划	拿到大专文凭	高职阶段 2015—2018	1. 加强英语学习和训练,考取英语等级证书 2. 加强计算机的应用训练,考取计算机等级证书 3. 认真学好各门课程,以优异的成绩完成学业 4. 加强技能训练,考取护士执业资格证书 5. 政治上要求进步,积极向党组织靠拢,争取早日加入中国共产党
长期职业规划	到乡镇医院当护士	职业发展阶段 2018—退休	1. 了解各乡镇医院对护士的需求状况 2. 收集有关医院的招聘信息 3. 准备好个人资料,选择适合自己的医院应聘 4. 安心基层工作,适应工作环境,尽快完成角色转换 5. 努力钻研业务,自觉加强职业道德修养,尽快成为技术能手,做一名称职的护士 6. 处理好工学矛盾,在条件允许的情况下,完成专升本的学历提升 7. 完成由护士→护师→主管护师→副主任护师→主任护师的专业技术职务晋升

七、发展目标评估调整

我的规划不论制订得多么完善,它也不是一劳永逸的。"计划永远赶不上变化",影响职业生涯规划的因素往往难以预测,无论是社会环境条件还是自身的个人因素,总是处于不断变化发展之中,所制订的规划还必须定期进行检查评估,并根据条件的变化情况进行适时的调整。特别是在临床实习过程中和从业初期的变数最大,在这一时期的情况最为复杂,会与制订规划时的条件有差异,因此,要针对已经变化了的条件进行反思,并审视自身情况,切合实际地对目标做出修正。只有这样,才有可能得以实现自己的职业理想。

八、结　语

当我选择护士这一职业时,我就找到了实现自身价值的舞台,我要把有限的生命,投入到无限的为人民服务当中去。选择护士这一职业,我无怨无悔!我将用实际行动证明自己存在的价值,在不久的将来我会成为一名当之无愧的"白衣天使"!

第三节　职业生涯发展规划的实施

制订出职业生涯规划方案后,需要在实践中检验规划的可行性,并根据外界环境和自身素质的改变,进行不断调整和修正。制订的职业生涯规划,需要定期地回顾、检测、反思,对未按时完成的规划,要及时采用补救方案。

一、制订职业生涯发展措施的重要性

在选择了职业生涯目标和职业生涯路线以后,就进入为实现目标而努力的实施性阶段。能否在现有基础上发挥自身的优势,实现晋升职位、增加工资等一系列阶段性目标,不仅取决于外界环境,而且还取决于为实现职业目标而采用的策略,更重要的是具体方法和措施。

案例

曾经有一个人给自己立了一个目标,就是在有生之年赚 100 万元。但是他一无技术,二不勤奋,只是幻想通过向上帝祈祷中彩票发财。于是,他每隔两天都要到教堂去祈祷,而且每次他的祈祷词几乎都是同样的。"上帝啊,念在多年来我一直敬畏你的份上,让我中一次彩票吧!"但是,每一次上帝都没有满足他的愿望,就在他濒临绝望的时候,上帝出现了,并对他说:"老兄,我实在没办法帮你,最起码你要去买一张彩票吧!"

思考:这个故事告诉我们,一是制订目标一定要切合实际,不切实际的目标只能是空想;二是一个人在确定了目标后,行动便成了关键的环节,没有达到目标的行动,目标就难以实现,也就谈不上事业的成功。这里所指的"行动",是指落实目标的具体措施。

(一)制订职业生涯发展措施的重要性

1. **职业生涯发展措施是实现目标的保证** 要使规划目标变为现实,就必须有实实在在的具体措施,并需要为之付出努力。如果没有行动,目标也只能停留在空想阶段,只能是一个无法成真的美梦。

2. **职业生涯发展措施能增强个体对环境的把握能力** 没有相应的发展措施,人往往很容易沉陷于繁杂事务中,分散精力,丧失自信心,缺乏斗志。有效的措施有利于处理好职业与生活其他部分的关系,能帮助我们集中精力,为实现职业目标发挥更大的潜能。

3. **职业生涯发展措施能增强个体自信心** 在现实生活中很多人遭遇失败时,不是想方设法解决问题,而是千方百计地为自己找借口,逃避责任。合理的职业发展措施,能帮助建立自信,激发个人的热情、智慧和力量,进而获得人生和事业上的巨大成就。

4. **职业生涯发展措施能帮助我们调整职业定位** 职业定位的调整,是职业规划计划性和动态性的有机统一。职业生涯发展措施是人生的导航仪,帮助我们确立、修正人生奋斗目标,指引我们走向成功,更好、更快地实现自我的价值。

重点提示

要实现目标,必须有实实在在的具体办法;目标变成现实,要为之付出实实在在的努力。措施即针对实际情况为实现目标而采取的处理办法。

(二)职业生涯发展措施

1. **教育培训** 根据规划目标分解,制订教育培训计划,是达到规划目标的重要策略。教育培训必须是指向目标、切合实际、可实施的。通常情况下,教育培训由确定培训需求、建立培训目标、选择培训技术和评价培训效果四个步骤构成。

2. **实践锻炼** 技能的积累和培养以及职业素质的提高主要源于实践活动,实践锻炼是缩小能力差距的最直接、最有效的途径。在做好本职工作的同时,不要拒绝给的"分外活",说不定在此过程中,会受到新的启示,有新的发现,也就可能成为你职业生涯发展的新起点。

3. **讨论交流** 讨论交流的目的是缩小差距,通过讨论交流获得新知、经验、灵感。讨论中应注意学习他人的长处,在交谈中学习经验,并应用到自己的职业生涯中。

4. **储备良好的人际资源** 人脉资源是一种无形的财富,不断扩大自己的人脉网络是提高自身竞争力、开拓事业的重要手段。人脉关系其实就是资源网,拥有良好的人脉关系,可以让你面对机遇时"鱼跃龙门",身处落难时"东山再起。"

> **专家提示**
>
> 学历是铜牌,能力是银牌,人脉是金牌。人脉是获取宝贵经验和机会的重要渠道。在交流时,了解他们的经历,能吸取对自己有帮助的经验。这样可以少走弯路。如果现在你还不知道为何要建立自己的人脉关系网,那不妨从建立同学关系开始,慢慢地扩大自己的交际范围。随着社交范围的扩大,你的眼界和见识也会增大,也就很容易发现自己事业的机会。

二、制订职业生涯发展措施的三要素

(一)任务

一项大任务的完成往往需要分解成若干阶段性任务才能实现。任务分解帮助我们搭建现实与美好愿望之间的台阶,任务组合帮助我们协调好阶段目标之间的关系。

1. 任务分解　任务分解是将任务具体化、清晰化的过程,将任务量化成可操作的实施方案。将职业生涯长期的远大任务分解为有时间规定的中、短期任务,直至分解为具体步骤。

2. 任务组合　任务组合是处理不同任务之间相互关系的有效措施,主要着眼于各任务之间的互补、因果关系。任务组合包括时间上的组合、功能上的组合和全方位组合。

(1)时间上的组合:职业生涯任务在时间上的组合分为并进和连续两种情况。并进指同时着手实现两个现行工作任务,或指建立和实现与目前工作内容不相关的预备职业生涯任务;连续指各任务之间的前后连接,即实现一个任务再进行下一个任务。

(2)功能上的组合:职业生涯任务在功能上存在因果关系或互补关系。通常情况下,内职业生涯所确定的任务是原因,外职业生涯所确定的任务是结果。

(3)全方位组合:全方位组合指个人事务、职业生涯和家庭的相互促进,均衡发展。任务全方位组合可以超出职业生涯范围,与全部人生的活动联系起来。职业生涯规划并不是把生活中的其他内容排斥在外,而应在生活中建立不同任务间的协调关系。

(二)标准

职业生涯规划中的成功标准,是对自己职业生涯目标实现的程度,反映本人的价值观。成功有不同的含义,每个人都可以对自己的职业生涯成功下定义。

1. 成功需要有标准　对于成功,每一个人的认识不完全一样,仁者见仁,智者见智,衡量成功没有一把固定的尺子。但有一些基本的共同标准:一是要有一定的奋斗目标,积极向上的目标,不能混日子;二是要有一个为了实现目标而努力奋斗的过程,过程可长可短,可艰辛可顺利,甚至失败,但必须是努力过;三是要有一定的收获,收获可以是多样的,但应该是正面的、向上的,是对社会有积极贡献的。

> **专家提示**
>
> 古今中外,人人都有成功的欲望,与以往不同的是:积累财富成为社会活动的中心,致富第一次成为个人追逐的目标。财富成了当今时代成功的代言词,并且,越富裕越"成功"。但是,财富不是衡量成功的唯一标准,人活着追求的最终目标其实是幸福,而不是财富。所以,成功不是积累财富,而是获得幸福。只要在自己力所能及的范围内达到自己的目标,心想事成,就是成功。

2. 成功标准　每个人的价值观不同,职业需求不同,对成功的理解也会有所差别。衡量职业生涯成功的标准大致有以下 5 种。

(1)进取型:追求升入职业的最高境界,特别注重在群体中的地位,追求更高职务。
(2)安全型:追求认可或稳定,把成功定义为长期的稳定和对相应不变的工作。
(3)自由型:追求不被束缚、经历的丰富多样性,希望有工作时间和方法上的自由。
(4)攀登型:追求挑战、刺激、冒险,愿意做创新工作,视成功为螺旋式不断上升。
(5)平衡型:追求为家庭、事业的均衡协调发展。

我们要对职业生涯成功进行全面的评价,必须综合考虑个人、家庭、企业及社会等方面的因素。

> **知识链接**
>
> 法国思想家伏尔泰曾出过一个意味深长的谜:"世界上哪样东西最长又是最短的,最快又是最慢的,最能分割又是最广大的,最不受重视又是最值得惋惜的?没有它,什么事情都做不成;它使一切渺小的东西归于消灭,使一切伟大的东西生命不绝。"这是什么?众说纷纭,捉摸不透。有一名叫查第格的智者猜中了。他说:"最长的莫过于时间,因为它永远无穷无尽;最短的也莫过于时间,因为它使许多人的计划都来不及完成;对于在等待的人,时间最慢;对于在作乐的人,时间最快;它可以无穷无尽地扩展,也可以无限地分割;当时谁都不加重视,过后谁都表示惋惜;没有时间,什么事情都做不成;时间可以将一切不值得后世纪念的人和事从人们的心中抹去,时间能让所有不平凡的人和事永垂青史。"

(三)时间

在一切资源中,时间是最稀有的资源,具有不可替代性。职业生涯目标实现的关键是要掌握时间管理的诀窍,探索管理时间的规律。管理时间的目的不是要提倡高强度紧张工作,而是要提高工作效率,从而使自己获得更多的自由时间,做自己感兴趣的事。

> **知识链接**
>
> **一生工作时间统计**
>
> 假设一个人能活到 80 岁,减去其求学的前 20 年及退休后的 20 年,这剩下的 40 年是创造人生价值的黄金时段。这 40 年里你干了什么?每年的节假日和休息日共有 115 天,折合 12.6 年时间,还剩下 27.4 年。每天睡眠 8h,占 27.4 年的 1/3。每天吃饭、干家务、休

闲娱乐,约需要4h,占27.4年的1/6。每天上下班交通2h;洗漱、上网、看报用去1h;做白日梦,心情不好,无法集中精力工作,没有经验做错事,浪费1h,一共每天4h,占27.4年的1/6。以上合计占27.4年的2/3。也就是说,你大约只有9年的时间是用于有价值的事情上。若你每天浪费了更多的时间,你也可以重新计算一下自己的时间。想一想:你用这短短的几年时间能否承担你80年的人生?

思考:时间,对于不同的人意义也不同。对于医生来说,时间就是生命;对于商人来说,时间就是金钱;对于教师来说,时间就是知识;对于学生来说,时间就是本领;对于军人来说,时间就是胜利;对于农民来说,时间就是丰收;对于工人来说,时间就是贡献;对于作家来说,时间就是灵感。

1. 有计划地管理时间　俗话说:"一寸光阴一寸金。"我们应成为时间的主人,合理地安排时间,时间对于每个人都是公平的,时间管理得好坏,直接关系到职业生涯规划的成败。

(1)合理分配时间:时间管理可以帮助我们把每一天、每一周甚至一个月的时间进行有效的安排,掌握一些时间管理技巧,对我们来说都是十分重要的。时间管理并不是要把所有的事情做完,而是要更有效地利用时间。时间管理的目的是作为一种指引,除了要知道该做些什么事之外,还要知道什么事情不应该做。时间管理最重要的功能是通过事先的管理。

从现在开始,你可以编制一张自己时间安排的表格,从吃饭、睡眠、学习、休息、社交及锻炼等方面记录下你一周的时间分配情况。在一周结束后,分别列出用于以上各项的时间分配,并分析自己的学习状况。通过对时间安排表的分析,你就能发现,原来以前浪费了那么多的时间。根据分析结果,可以对今后时间重新规划,慢慢地就学会合理分配自己的时间。

(2)制订时间计划表:自行设计一个统计表,把每天每个时间段应该做的事情填写进去,可以将其精确到小时,经过一段时间的记录,进行汇总分析,就可以找出使用时间的效率及所浪费的时间,还可以依据此来检查自己对时间管理效果。要经常进行检查、修正时间统计表,不断反馈使用时间的情况,并进行经验总结,以便更有效地管理时间。

(3)科学地使用时间:进行时间计划时,要学会科学的安排,根据自己的具体情况制订详细的计划,给要做的事设置时限,在规定的时间内完成工作,逐渐地使学习和生活有规律,时间利用的效率就会提高。每个人的生物钟是有差别的,同样的学习任务,对有些人适合白天做,有些人则适合晚上做。找出自己的时间段,采用最适合自己的方式,才会提高时间的效率,反之,则只会事倍功半。

2. 善于利用零散时间　富兰克林有一句名言:"时间是构成生命的材料。"了解生命的重要,才能真正懂得时间的价值。我们最宝贵的不过是几十年的生命,而生命是由一分一秒的时间所累积起来的。对时间计算得越精细,事情就做得越完美,如果在学习时间你能以分为单位,对那些看起来微不足道的零碎时间也能充分加以利用,你就能在学习中有所收获。

重点提示

任务要素是围绕"做什么"的问题;标准要素是解决"做到什么程度"的问题;时间要素是"什么时候达成目标"的问题。

三、近期目标的实施与评价

近期目标是职业生涯规划中最重要的阶段目标,是职业生涯发展中第一个指向明确,并以此调整个性、提升素质的目标,具有特殊意义。

(一)近期目标的实施

我们要从所追求的职业目标出发,了解自己、了解社会、了解职业,确定发展方向和发展目标,特别是近期目标,正确处理近期目标与长远目标的关系,充分利用在校学习的机会,有针对性地提升素质,培养兴趣,挖掘潜能,主动适应职业需要,努力学习有关知识和参加社会实践,自觉提升职业素质、职业能力,为职业生涯发展奠定坚实的基础。近期目标的实施,要符合中职生的特点。

1. 脚踏实地,不好高骛远　近期目标是迈向成功职业生涯的第一个台阶,对于中职生来说,应该是通过努力,一定能达到的目标。要让自己在攀登第一步时,得到成功的心理体验,树立起成功的信念,增强为长远目标奋斗的自信。好高骛远,不仅会使整个职业生涯规划建立在空中楼阁之上,而且会让自己在迈开职业生涯第一步时,就饮下失败的苦酒。

2. 内涵充实,能激励斗志　务实的近期目标,能够为一生的职业生涯发展奠定基础,还要有激励进取精神的效果,既要为树立自信创造条件,更要激发实现长远目标的斗志。

3. 指向明确,有年级特点　刚入学的低年级学生,既可以把首次择业的岗位作为近期目标,也可以把升学作为近期目标,还可以把今后学业成绩作为近期目标。但是都要与自己的长远目标保持一致。临近毕业的高年级学生,一般应把就业或升学作为近期目标。

(二)实施规划注意事项

职业生涯规划的实施过程,是与规划程序相反的过程。先从具体的、短期的目标开始实施,进而实现中期目标,逐步实现长期目标。实施近期规划目标时,要注意以下几点。

1. 保持实施的灵活性　计划都是预设性的,往往需要和现实条件结合起来执行,实行动态管理,如果所处的外界环境已经发生变化,目标规划和行动策略也要做出相应的改变。执行规划的过程中,还应该及时抓住机遇,有些机会一旦错过,就永远失去了。

2. 保持目标的一致性　在执行职业生涯规划时,要考虑行动计划是否与阶段目标相符。有时在特殊的情况下,会做出短期内能获益但有损害长期的决定。因此过程监督十分重要。监督可以发现问题,检查计划的落实情况,有针对性地提出解决方案。

3. 保持执行的持续性　随着时间的流逝,制订目标时的热情会慢慢消退,执行目标的决心也会削弱,特别是参加工作后,所处环境与学生时代不同,可能涉及谈婚论嫁或朋友应酬等许多现实问题。为了强化执行职业生涯规划的意志,可以将制订的计划放在自己经常能看见的地方,时刻提醒自己。

> **重点提示**
>
> 职业生涯探索阶段的主要目的,就是通过选择、尝试与磨合,找到最适合自己的职业。

(三)近期目标的评价与反馈

在实施了近期目标后要对整个实施过程进行监控、反馈,以便在环境变化时能及时调整自己的状态,将自己从偏离的航线上转回正轨。评价和反馈主要包括职业的重新选择、职业生涯路线的重新选择、人生目标的修正、实施措施与计划的变更等,可以分解为两个步骤。

1. 实施规划的评估　为了确保职业生涯规划的可行性,要定期对职业生涯规划的内容和完成情况进行评估。虽然在制定规划的过程中,可能对内在和外在、主观和客观的因素考虑得很充分,但是在实施的过程中,随着时间的推移,这些环境因素会发生变化,会发现做规划时未曾想到的问题或困难,甚至意外事件的发生,为保证达到当时规划的目的,在职业生涯规划实施一段时间后,有必要对计划实施的情况进行评估。

2. 反馈与修正计划　在实施职业生涯规划时,根据评估反馈回来的信息,要做好计划的修改和修正。在环境因素、个人因素发生重大改变时,计划修正时,要考虑到以下方面:
(1)定期检测预定目标的达成情况。
(2)阶段目标达到时,要依据实际效果,修正达到下阶段目标可采用的策略。
(3)客观环境发生重大改变影响到计划的执行。
(4)生涯规划设计要不断地反复修正,根据环境的改变,并不断地加以调整适应。

讨论与思考

1. 我们应该怎样选择职业生涯发展目标?
2. 规划职业生涯的原则有哪些?
3. 影响职业生涯规划有哪些因素?
4. 什么是职业生涯自我剖析橱窗分析法?
5. 职业生涯规划分别有哪些步骤?
6. 如何实施职业生涯发展规划?

(顾　伟　宋建荣)

第 7 章

职业心理与职业个性

学习要点
1. 中职学生心理和个性的发展特征
2. 中职学生常见的职业心理表现
3. 职业规划的自我定位
4. 中职学生职业生涯规划中择业心理的类型
5. 择业心理的调试

第一节 中职学生心理与个性概述

中职学生心理与个性的发展关乎其一生。它是从幼稚走向成熟、从依赖走向独立的发展过程;也是道德信念、职业理想开始形成,自我意识进一步发展的过程,其成长之路是心理发展和个性成熟的关键过程。如何拥有健康的心理和健全的个性,更好地规划人生和选择职业,是我们现在应该思考的问题。

> **专家提示**
>
> 青少年是指12~28周岁这一年龄阶段的个体。可分为少年期(12~14岁)、青年初期(15~18岁),上述两期又叫青春期,青年中期(18~22、23岁)和青年晚期(23~28岁)。

中职学生正处于人生的关键时期。因为大多数中职学生一般都在14~20岁,正值青春期向成年人过渡的时期,是人类个体生命全程中的一个十分特殊的阶段,也是个体心理的困难期、危机期。由于身心发展不平衡,心理矛盾冲突增多,而处于这个阶段的学生自我调节能力不足却又常常不服从父母、师长的教育和指导,导致问题重重。对于中职学生来讲,又将面对步入社会、选择职业等多层压力和复杂状况的发生,如何能够顺利成长、成功就业,对于每一名中职学生一生的发展都将是有利的助推动力。

一、中职学生心理发展概述

> **重点提示**
> 心理发展是一个连续的过程,是不断从低级到高级、从量变到质变的运动变化过程。

(一) 中职学生的主要心理特征

中职学生是个体从儿童过渡到成年,逐步达到生理上和心理上成熟的阶段。

1. 大脑神经系统迅速发育,脑功能基本健全,但还不能从事长时间的脑力活动,容易出现脑疲劳 由于种种原因,中职学生普遍存在害怕学习,成绩不稳定的特点。而更显著的差异是在学习动机、情感及意志个性等方面。

2. 随着性生理的发育及心理的发展,青少年产生了性意识萌芽,并逐渐出现了性意识、性欲望及性冲动 青少年表现为喜欢交际,爱好、兴趣、社交范围扩大,但又存在一定的人际交往障碍,容易冲动,甚至发生早恋和性犯罪。

3. 生理发育的迅速及心理发展的延续,使得青少年生理成熟早于心理成熟 青少年是个体发育、发展最宝贵、最富有特点的时期。中职学生在这时期特别明显的表现就是:做事缺乏耐心,自信心差;以自我为中心,逆反心理较强。一旦遇到挫折,容易产生"破罐子破摔"的心理状态。

4. 自我意识发生冲突 青少年是心理上的"断乳期",一个显著的特点就是自我意识的迅速发展。一方面强烈要求对自己的各种需求和行为进行独立的选择和思考,甚至常常对父母、师长产生对抗情绪。而另一方面因阅历不深,知识与经验不足,生活中又常常会碰壁,形成困难与矛盾,因而有时又会产生依赖性。

5. 情绪易失衡 青少年情绪活跃,富有感染力,很容易动感情,但情绪发展还欠成熟、稳重,容易冲动失衡。他们敢想敢说,敢闯敢干;高兴时做什么都好,不高兴时什么都不想做,哪怕知道应该做的也不做,情绪起伏大。

6. 逐渐形成了独特的个性及行为方式 家庭和学校应积极地引导和教育,改变孩子不成熟的想法,同时培养他们的责任感,树立远大的理想。

(二) 中职学生的心理调适

> **重点提示**
> 中职学生既有青少年的心理特征,同时也具有一些显著的自身问题。这些问题不解决,将会在中职学生的学习、生活、择业、就业中造成困难、挫折和冲突。

心理调适的作用,就在于能够帮助他们客观地分析自我与现实,采取相应措施,有效地排除心理问题或障碍,保持一种稳定而积极的心态,实现个人的人生目标。

1. 树立正确的自我观念 正确的自我观念是心理健康的重要条件,是学生进行心理调适的第一步。我们要首先明白成才和成人的关系:学生不仅仅是学习,不会做人,将来不但难成才,甚至难以在社会上立足!因此,学生要学会自我分析和自我评价。自我估计过高导致个性的扩张,形成心中只有自己,没有他人、家庭、集体和社会,最终必然会造成对己不利的人际环境,甚至为社会所抛弃;自我估计过低也会导致个性的萎缩,形成缺乏克服困难、挫折的勇气和应对竞争、挑战的信心,最终难以独立生存。

2. 确定适度的抱负水平　中职学生是将要开始走向社会,开始对自己、他人、家庭及社会承担责任和义务,奠定自己今后大半生的幸福生活与生命价值意义的起点。过高的抱负容易导致挫折与失败,而过低的抱负也会使自己失去进取的动力。遇到挫折和困难时,要懂得调节,要知道我们正处于一个开放、多元、变化的社会环境中,是一个理想与磨砺并存,挑战与机遇同在,希望和绝望相伴,幸福与困苦紧随的时代。

3. 良好情绪的调控　情绪是把双刃剑。积极的情绪可以帮助人们战胜困难,寻求幸福;消极的情绪会导致心理创伤和心理问题的产生。中职学生情绪易波动且不稳定,遇到满意的事可以兴奋得手舞足蹈,稍遇挫折不快,则又可垂头丧气,或怒不可遏;由于"理想我"与"现实我"还有较大距离,会过高估计自己的能力,引起事端,也易冲动、激惹,影响人际关系,表现出逆反、叛离的消极心理和自我控制能力低下。在教育中,鼓励学生学习心理知识,培养他们学会放松、适度宣泄、转移注意、自我安慰、自我激励等心理调节策略和方法,积极引导自身情绪,改善情绪,最终能把情绪这匹"野马"驯服,使它朝着积极的方向迸发。

4. 建立和谐的人际关系　正处于青春期的中职学生,自我意识有了极大的提高,个人独立性也已经大大地增强,每个人对人、对事、对人生、对生活都有了自己的看法,希望能独立地安排自己的生活,他们往往会排斥别人的价值观念而树立自己的自我认同,以自己的价值观和是非观去要求他人,对他人的优点难以认同,对他人的缺点难以忍受,往往容易引起人际冲突,影响人际关系。人具有社会属性和自然属性,其社会属性主要是通过人的社会行为体现出来的,具体表现在个体的人在衣食住行等方面都不可能脱离这个社会群体,总会直接或间接地与他人发生联系。建立和谐的人际关系可以消除孤独感,产生安全感,使人内心保持情绪的平静和稳定。一定要认识到,建立良好的人际关系更重要的是与他人在思想认识上和生活体验上的交流,在生活上的必要关心和帮助以及互通信息等方面,而不是形式上的形影不离和亲密无间。

5. 树立正确的价值观和人生梦想　人生的追求并非仅仅是眼前的利益,人生的梦想也不是一蹴而就。有正确的价值观引路,才有可能成就自己的人生梦想。这过程的艰辛,正是人们常说的"知易行难"。要想成就远大的梦想,不是光有梦就行,如果不去践行,那么梦想永难成真。如果牛顿被苹果砸到不去思考和探索,就不会得到"万有引力定律";如果郑和不是胸怀大志,又怎能坚持七下西洋;如果司马迁不能忍受酷刑带来的屈辱而就死,哪来呕心沥血之作的历史鸿篇《史记》;如果……人生不是拿来做加减乘除,人生需要梦想,也需要一步一步地去实现。

中职学生要有梦想的追求,也要有去践行的魄力和动力;要去学习物质与精神的取舍;去理解理想与现实的差距;去讨论传统与世俗的对立;去追寻当今社会下的奉献精神;个人利益、集体利益、国家利益的含义所在;去实现人生的追求和梦想。

二、中职学生个性的概述

(一) 个性的概念

现代心理学一般把个性定义为一个人的整个精神面貌,即一个人在一定社会条件下形成的,具有一定倾向的、比较稳定的心理特征的总和。

一个人怎样认识他和他周围的世界,怎样去表达他的情感,怎样与他人交往,怎样去对待他的工作与生活,这些内容的整体就是一个人的个性。合理的个性心理特征与职业的搭配对个体职业生涯而言就如食物对于健康和生命,虽然吃糠咽菜也可以维持人的生命,能让人活下去,但是你可能是精神恍惚一脸菜色。

> **专家提示**
>
> 在选择职业时一定要像维护我们的健康和生命一样,维护我们的个性心理特征,要认真分析我们的个性心理特征的优势、劣势,以及各职业对个性心理特征的具体要求,尽量做到两者之间的协调。

(二)中职学生个性的特征

1. 个性取向的积极因素　青春期的中职学生,他们将面对许多挫折和坎坷。这些经历可以使他们受到锻炼,使他们自身成长,促进他们个性健康发展,使他们形成优秀而健康的个性特征。他们更加明白成长的艰辛,他们性格开朗、思想活跃、社会参与度高、融入度高;他们富有竞争性,个性突出;他们乐于交往、珍惜友情、尊重他人。

2. 个性取向的消极因素　由于中职学生的自身经历等诸多原因,容易形成自卑、缺乏自信心的个性特点。因为在当今社会中,教育成功一直都以成绩来说话,中职学生被看作失败的象征,惰性与厌学心理普遍存在。偏执、叛离、情绪自控能力差,再加上法纪与是非观念薄弱,攀比和虚荣心极强,使多数职业学校管理困难,学生打架斗殴、打牌赌博、抽烟喝酒、通宵上网等违反校规校纪事件常常发生。

每个人个性的形成和发展并不存在一一对应的关系,身处顺境也可能使人形成不良的个性特征,而处于逆境也可能磨炼出坚强的性格。所以,我们在总结、学习的同时,要了解自我、明白自我、分析自我、调节自我。有些人在此阶段可以完成这个学习的过程而宏图大展,有的人则迟迟不能反省自己、调节自己而失去极好的发展机会,甚至造成终生遗憾。

(三)中职学生的心理素质的培养

> **重点提示**
>
> 心理素质是人整体素质的组成部分,是以自然素质为基础,在后天环境、教育、实践活动等因素的影响下逐步发生、发展起来的。

在心理素质基础上,通过后天的学习和锻炼,我们又形成了职业心理素质,而职业心理素质是指与人所从事的职业相匹配的心理素质的总和。

1. 适应能力　我们要想幸福的生活、快乐的生存,就要有能到任何地方都能适应的能力。职业学校的学习教育,是教会学生去适应将来的社会,去寻求生存的方式的教育。学会适应自身和周围环境,培养社会敏感性;充分认识自己,接纳自身的优点和缺点;积极参与在学习和实训中的各项活动,激发自身的创造力。

2. 情感自控能力　情绪自控的第一步就是要先能察觉我们的情绪,并且接纳我们的情绪。你现在的心情如何?是欢乐、烦恼、生气、担心、害怕、难过、失望或者是平静如常呢,还是你根本不懂自己的心情?一早起来,也许你看到阳光普照而心情愉快,也可能因为细雨绵绵而心情低落；你也许因为逃课没被点到名而高兴，然而考试临近又让你很担心。情绪没有好坏之分，只要是我们真实的感受，我们就要学会正视并接受它。只有当我们认清我们的情绪，知道自己现在的感受，才有机会掌握情绪，也才能为自己的情绪负责，而不会被情绪所左右。

3. **心理承受能力** 所谓心理承受能力是个体对逆境引起的心理压力和负性情绪的承受与调节的能力，与挫折、冲突、焦虑、应激、压力、紧张等有密切联系。主要是对逆境的适应力、容忍力、耐受力、战胜力的强弱。一定的心理承受能力是个体良好的心理素质的重要组成部分。

如何去锻炼我们的心理承受能力呢？我国伟大的思想家、教育家孟子曾告诫我们："天将降大任于斯人也，必先苦其心志，劳其筋骨，饿其体肤，空乏其身，行拂乱其所为，所以动心忍性，增益其所不能。"适当的挫折教育可以促进自身个性的完善，对增强青少年学生的适应能力，磨炼意志，提高其心理素质都有着其他教育无法代替的作用。

4. **人际交往能力** 人际交往能力是现代人不可缺少的素质。主要包括语言表达能力、倾听能力、交友能力、观察能力及处理生活中各种问题的能力。在任何社会中，人不是单一存在的个体，而是与其他人相互联系、相互作用，从而构成一个人际关系的网络，整个社会是由无数个人际关系网络构成的。要建立一种相互信任、相互帮忙、同心同德、同舟共济的人际关系，就会使自己常常处于积极的情感体验中。每个人学习主动与人交往，树立良好的第一印象，学会理解和宽容，学会忍让与克制，人际关系应建立在利益共享，互相帮助的基础上。了解他人，理解他人，体恤他人，可以激发对他人的爱、理解和宽容，这些情感是形成每一种人际关系的核心。

第二节　职业心理与自我定位

职业心理是人们在职业活动中表现出的认识、情感、意志等相对稳定的心理倾向或个性特征。职业同人一样，也有拟人化的心理和个性，不同的职业具有不同的个性特征。在职业心理中，个性影响着一个人对职业的适应性，一定个性的人适于从事一定个性特质的职业；同时，不同的职业对人也有不同的个性要求。

一、职业心理分析

十几岁的青少年，就像稚嫩的小鹰将要迎接天空的洗礼，进入职场前的懵懂和心理上的惶恐，都增加了将来对工作适应的困难。

> **专家提示**
>
> 人的心理是不断发展的，经验是不断积累的，成才的过程是心理健全的过程，是在不同的环境中锤炼出来的过程。我们不要忽视自身的优势、劣势，而要怀着积极的心理去寻求职业心理，去领悟职业的需要和职业的选择。

(一)职业心理的发展阶段

一个人的职业心理发展变化，与其受教育的程度有很大关系，会随着年龄、工作经历和生活阅历而逐渐得到发展与完善。虽然其具体的发展阶段和发展速度因人而异，但可以按年龄层次将职业心理的发展划分为4个时期。

1. 职业心理的萌芽阶段(0-18岁)　这个阶段,儿童、青少年通过对家庭、学校(包括幼儿园)及邻居中重要他人的观察来发展关于职业角色的意识,并把他们与自我概念联系起来,并逐渐开始考虑自身的职业能力、兴趣、性格、爱好、人生观、价值观、理想和社会的现实,力争做出合理的职业选择。

2. 职业心理的探索阶段(18-35岁)　这个阶段正处于人生事业的起点,青年力图更多地了解自我,并做出尝试性的职业决策;同时,在尝试的过程中通过经验的不断积累,不断地改变和调整自己的职业期望。

3. 职业心理的成熟阶段(35-50岁)　这个阶段,个体进入了特定的工作领域,努力掌握该领域中职业发展的信息,力图开辟自己在职业中的道路,把基本适应的该职业确定为自己的终生职业,并且,这一阶段也是人生收获的时期,处于人生的黄金时间,能成为某一领域的专家、行家。

4. 职业心理的衰退阶段(50-60岁)　这一阶段是人生发展的转折期,无论是在事业上继续发展,还是准备退休,他们都面临着转折问题,会产生职业心理上的不适感,所以必须要有充分的思想准备。

(二)中职学生常见的职业心理分析

职业活动中的心理现象千奇百怪,纷纭复杂,不同阶段的职业心理对职业会产生不同的影响。中职学生多数是中学毕业后,由于成绩或父母或家庭条件等原因来到职校学习,和其他一般高校学生相比,在职业心理方面的表现,就像他们的自身心理和个性一样,既有其共同性,又有其特殊性。

1. 职业生涯规划前的心理矛盾　主要表现在以下几方面。

(1)继续对口升学与就业之间的矛盾:中专学历低、就业难的特殊性,使部分同学产生了焦虑情绪。特别是因中考失利,对自己缺乏信心的同学,害怕读高中会带来更大的失败,不得已选择了到中职学校学习,并希望今后能升入高职学校学习。但是,面对就业的压力,既担心高职考不上,工作也没找到,又担心即使考取高职,要承受更大的经济压力,毕业后也未必就能顺利就业,使得这部分学生举棋不定。

(2)所学专业与对口招生专业衔接的矛盾:有些学生迫于父母的压力进入中职学校,对所学专业根本不感兴趣,勉强读完3年中职,既不想就业,又不能继续参加对口升学更换专业,在就业、升学、转换专业等问题的冲突中产生了困惑。

(3)所学专业知识与社会需求水平出现差距,产生了矛盾:比如药剂专业的一些学生认为只要学好专业就能考取药剂师,其实药剂专业对应的职业是药剂营销方向,社会需要懂医学、药理知识的专业营销人员,而要到医院当药剂师就非常难。

(4)个人兴趣与现实利益的矛盾:在当今社会,一些人干着能挣钱但自己也许并不喜欢的工作,有些人干着喜欢的工作却又不挣钱,就像那些来中职学校而非自愿一样,个人兴趣与现实利益总是矛盾重重。

作为中职学生,我们要努力把社会需要和个人愿望有机地结合起来。既要考虑眼前利益,又要考虑长远的发展;既要考虑个人的因素,也要考虑社会的需求。"知己知彼,百战不殆"这句话,道出了在职业心理过程中一个重要原则。全面、客观、真实地认识自己,了解自己,熟知自己的个性心理特征和心理过程,把个人的职业意愿和自身素质联系起来,根据社会的需要,评价个人职业意向,以积极的态度去选择专业或职业。

2. **职业选择缺乏自主性**　由于一些中职学生在职业选择的问题上没有一个正确认识,对自己的知识结构、能力素质、专业特长及合适职业的判断模糊不清,面对选择,茫然无序、犹豫不决,甚至躁动不安,独立性、自主性弱化,自我目标的追求受他人、同伴或群体的影响,极易在职业生涯问题上心理失衡,从而盲目从众和攀比。

3. **追求自我实现的痛苦**　中职学生的职业生涯规划,表现出强烈的自我实现意识:一方面追求个人潜能和特长的发挥,另一方面又追求较高的现实利益,两者共同构成了职业选择的主导内容。其结果是自命不凡,自以为无所不能,只想如何去实现职业理想,如何挑选所谓"好的单位",而缺乏必要的理性思考。现实中,许多学生在遇到困难和挫折后,对自己所学的专业、对自己的未来产生怀疑,怀疑自己今后能否找到工作,在追求自我实现的过程中感到困惑和痛苦,这是中职学生在择业中面临的普遍问题。

4. **自卑、胆怯的心理问题**　中职学生的自卑感和胆怯问题一般比其他层次学校的学生表现更为突出。社会上普遍的认识是,因为成绩不好,难以管教,表现较差的学生才会就读职校,这样的认识给中职学生带来沉重的心理负担,使职校学生不能准确对自己进行定位,看不到自身优势,自感不如他人,使自己缺乏竞争的勇气、缺乏自信心,轻视自己甚至憎恨自己,使自卑感和胆怯问题加重,并因此背上沉重的心理包袱。

5. **挫折耐受性低**　中职学生在毕业和求职过程中,最易表现出挫折耐受性低的问题。由于对自己毕业于中等职业学校的不自信,导致他们一遇到挫折就表现出焦虑、情绪低落、沮丧失落、意志麻木等心态,甚至自怨自艾,加重自卑和胆怯的心理状态。

6. **社会交往、社会适应恐惧**　很多中职学生都有被别人看成劣等生的情况,在与人交往中,特别重视其他人对自己的认可和看法,容易敏感多疑,害怕被别人瞧不起,所以在交往中常常畏首畏尾、乖张冲动,其实这些外在的表现都是中职学生在社会交往中的恐惧、焦虑等心理素质不健全的表现,如果不加以克服,将会影响到他们的心理健康和成长。

(三) 中职学生职业心理调适

1. **正确地认识、评价自我**　如前所述,我们看到同学们不同程度地存在着自卑、胆怯、社会交往恐惧、焦虑、急躁等心理问题,都是因为对自身认识不足,评价不准带来的结果。要想解决这些问题,就必须要正确地认识和评价自己。通过自我了解、他人评价或心理测评等方式,认识、了解自己的兴趣、性格、能力、价值观,对自己的长处不夸张,短处不贬低,接纳自己,欣赏自己的独特之处,把握自己的闪光点,发挥自己的优势,做好充分的准备,才能战胜自卑、胆怯、恐惧,给自己确定一个适当的职业目标。

2. **克服焦虑,敢于竞争**　在成长的经历中,受挫折、受批评、受歧视体验较多,产生的负性情绪较多,面对竞争缺乏勇气,这是很多中职学生目前的问题之一。心理学研究表明,竞争有利于人们的潜能发挥,能促使人们斗志昂扬、情绪饱满,竭力克服各种困难和障碍,去争取最大的胜利;竞争能增强人们的体力和智力,促使知觉敏锐准确、记忆效果增强、注意力集中、反应灵敏、想象力丰富、操作能力加强。竞争能最大限度地发挥人的潜能。因此,中职学生应积极主动地加入竞争的行列,不应消极地站在场外当观众。当然,他们还应当有充分的思想准备,克服焦虑,承受和面对各种压力与挫折。任何竞争总是有先有后、有成功有失败。走在前面固然可喜,落在后面也不必悲观,勇往直前地走下去就会有收获。

> **知识链接**
>
> 鲁迅在《最前与最后》一文中这样说:"我每看运动会时,常常这样想:优胜者固然可敬,但那虽然落后而仍跑至终点不止的竞技者,和看了这样的竞技者肃颜不笑的看客,乃正是中国的脊梁。"

3. 正视现实,转变就业理念 生存永远在成功之前,生存本身就是一种成功,永远是人们最基本的追求。假如命运暂时没有给你很多机会,就让你扫厕所,那么你就必须面对现实,把厕所扫好,先求生存。要知道,沃尔玛特的创始人,就是从一个小杂货起家的。美国著名影星史泰龙、施瓦辛格,在成名之前都曾做过模特,李嘉诚14岁就担负起养家糊口的重大责任,天天琢磨下一顿吃什么……职业没有高低贵贱之分,只有分工的不同,如果你认为扫厕所、摆地摊丢人的话,那么丢人的恰恰是你自己。

4. 完善自我,学会独立 世界上每一个人最终只有自己才能救自己。不论现在还是将来,不论顺境还是逆境,也不论周围的人与事如何变迁,只有自己才是真正的依靠。人们应该自始至终信任自己、珍惜自己、完善自己。一个人最大的困难就是拿自己与别人比:"我不够好,因为他比我更好""我不够漂亮,因为……"完善自我,学会独立并不仅仅是改变自己,更重要的是全面地、客观地评价自己,做到自知之明,依靠自己的力量去解决问题。在一个人的身上可以缺少很多东西,唯独不能缺少的是独立的自信心。在成长的过程中,有许多事情需要自己去面对,总不能事事都依赖于他人吧。不懂得独立就会被社会所淘汰!

> **知识链接**
>
> 易卜生先生曾经说过:"世界上最坚强的人就是独立的人。"陶行知先生也说过:"滴自己的汗,吃自己的饭,靠人、靠天、靠祖上,不算好汉。"

二、职业规划中的自我定位

职业定位是确定一个人在特定的时间、特定的区域能干什么,不能干什么,应该在什么行业、什么领域从事什么样的工作。

> **专家提示**
>
> 相对于动态的、长期的职业生涯规划,它是静态的,是某一个时点的定位。从长期发展的视角来看,职业定位也是动态的、不断发展的。

面对严峻的就业形势,最重要的是明确人生目标,即自我定位。自我定位,就是要弄清楚"我想干什么""我能干什么""社会可以提供给我什么机会"等问题,为融入社会确定明确方向。据不完全统计,在工作3~5年的人群中,有70%的人不确定自己该干什么,在浑浑噩噩中工作,不明不白地干活。职业定位是个繁杂的过程,需要综合考量一个人的性格、兴趣、价值观、气质、能力、学历及经验等方面因素,可以用公式来说明:

$$成功=兴趣+性格+价值观+能力+努力$$

职业兴趣、性格与职业生涯的成功率成正比。可以看出，如果一个人既能珍视自己的兴趣，选择自己喜欢的职业，又能看清自己的性格，选择与自己性格相匹配的职业，那么他的职业生涯将会成功。所以，一个人在做出职业选择之前，必须清楚自己喜欢什么，擅长什么，在工作生活中最关心的又是什么，社会环境给自己提供了什么样的支持等。在充分考虑各方面因素的前提下，找到最佳的个人职业定位。

> **重点提示**
> 职业定位解决的是人职匹配问题，是职业生涯成功的关键。

第三节 择业心理

当一个人准备选择职业的时候，要做的第一件事情就是多层次、多角度地了解自己，明确自己在择业任务面前的心理定位，以避免在择业过程中失去自己的把握，造成择业失误，导致今后职业不适，事业无成，枉费自己的青春和其他宝贵资源。

> **重点提示**
> 择业的过程是一个发现自我、认识自我、挖掘自我潜能的过程。

一、中职学生择业心理分析

（一）认知心理分析

1. **自负心理** 自负是盲目自大，对自己的能力和学识评价过高，不切合实际，失去自知之明的心理状态。由于受传统就业观念的影响，中职生在择业上往往好高骛远，期望值过高，没有将自己的位置摆正，没有清楚地认识到自己，所做的工作必须从最基层做起，于是这部分毕业生对用人单位横挑鼻子竖挑眼，不知道自己具体要干点什么，只是被动地等待单位组织。

2. **自卑心理** 自卑是指自我评价偏低、自愧无能而丧失自信，并伴有自怨自艾、悲观失望等情绪体验的消极心理倾向。一些中职学生认为自己在学历上比不上大学生，因此，他们往往自责、贬低或惩罚自己，潜意识中就存在压抑和自卑心理。

3. **矛盾心理** 矛盾心理是部分中职学生择业时瞻前顾后、左右彷徨的心理。例如，他们总是认为到机关、事业单位待遇稳定，风险较小，但又嫌收入不高；自己创业收入较高，但又觉得太辛苦，于是他们总是处于既要顾及工作性质、发展前景，又要考虑地理位置、经济收入、福利条件的矛盾心理中，最终往往会在择业中举棋不定，在痛苦而矛盾的选择中失去良好的机遇。

（二）情绪心理分析

1. **悲观心理** 心理学认为，悲观是人自觉言行不满而产生的一种不安情绪，是一种心理上的自我指责、自我的不安全感和对未来害怕的多种心理活动的混合物。当一些中职生在择业中因受到挫折而感到无能为力，会出现得过且过、不思进取、情绪低落的心理，自认为"看破红尘"，决定听天由命任凭发落，甚至出现绝望。悲观心理的一种特殊表现是逃避，他们不再想主动争取择业机会，不再去努力，认为去什么单位都无所谓，这种心理与就业的竞争机制和社会环境是不相适应的。

2. 逆反心理　在心理学中,逆反心理指的是一种与一般人对立或相反的情绪体验或行为倾向。一些中职生在遇到挫折时容易出现各种不满心理,如对学校管理、教学质量、就业推荐制度不满,对现行的国家就业政策不满,对家庭成员、家庭状况不满,对周围同学不满(如嫉妒、抱怨等),对社会分配不公问题不满等。不满情绪的产生导致部分中职学生的逆反心理和不健康行为,对来自辅导员、班主任、学校就业指导服务中心以及同学和用人单位的正确信息、善意批评与建议,他们不相信、不听从,偏要对着干,要按自己的一厢情愿去求职。

3. 焦虑心理　焦虑是指因遭受心理冲突或挫折而引起的复杂情绪反应。通常是由紧张、忧虑、烦恼、恐惧、焦急等众多感受交织在一起形成的复杂情绪状态。一些中职学生焦虑心理产生的重要因素是期望值过高和社会就业压力大。部分学生不顾自身条件与社会对中职学生的市场定位,过分看重初次就业的重要性,往往不自觉地加大自己的心理压力,精神过于紧张,一旦条件达不到,挫折感就会导致就业焦虑。部分家长不顾学生的兴趣、爱好、特长、专业等特点,硬是把自己的职业理想间接地强加于子女,致使其产生焦虑心理。当现实的求职目标与自身的理想职业不相符时,部分学生会产生悲观、失望、愤世嫉俗的消极情绪,这对于中职学生的成长是很不利的。

(三)社会心理分析

1. 盲从心理　盲从心理是指个人因对群体的思想、言行等无法做出正确判断而跟从或在群体的压力下放弃自己的意见,采取与大多数人一致的思想认识和言行举止。部分中职生在择业时,"人云亦云"或"大多数人选择哪里自己就选择哪里,大多数人往哪里挤,自己就往哪里挤"。他们认为,大多数人钟情的工作一定是好工作,大多数人选择的一定没错。这些人毫无主见,缺乏开拓精神,没有客观分析自身的专业基础、经济状况等各方面因素,忽视自身的个体特异性与自我创造性,盲目跟风,随波逐流,采取不切合实际的从众行为,最终一事无成,空留一声叹息。

2. 依赖心理　有些中职毕业生由于家庭条件、社会资源较好,在择业过程中把希望寄托在学校、父母或朋友之上,寄托在拉关系、走后门之上,有的甚至由家长出面与用人单位洽谈,殊不知这样做的结果恰恰让用人单位对毕业生产生缺乏开拓能力、独立生活和工作能力差的印象。

3. 攀比心理　个别中职生在求职择业中存在一种"人有我也要有,人好我要更好"的攀比心理,刻意将自己在生活条件、工资待遇等方面与别人进行比较,即使有些单位非常适合自身发展,但因某个方面比不上其他同学的就业单位或觉得平时其他同学什么都不如自己,却找到一个比自己更好的单位,于是心理就不平衡。这种攀比的求职观,不能从自身实际出发,常常会耽误时机,到头来却不利于自身价值的实现和长远发展。

二、中职学生择业心理调适的意义及心态

(一)择业心理调适的意义

> **重点提示**
>
> 心理调适,是指改变或扩大原有的知识结构,以适应新情境的历程。

心理调适的意义在于以下几个方面。

1. 在遇到心理困惑或冲突时,帮助中职学生改变原有思考问题和解决问题的方式,认识到引起心理困惑的原因,能够有效地排除心理困扰。

2. 在择业中遇到困难和挫折时,帮助中职学生学会客观地分析自我,在一定程度上控制和调节自己的情绪和行为,从而适应新环境,解决新问题。

3. 在择业心态出现不平衡时,帮助中职学生积极面对现实,保持良好的心态,寻找最佳途径去实现自己的职业理想和人生目标。

(二)培养积极的择业心态

1. 树立正确择业观,养成良好就业心态　择业观是毕业生世界观、人生观、价值观在就业上的反映,它直接影响和决定择业的行为。市场经济体制的建立及毕业生就业制度的改革,把就业推向了市场,通过人才市场"面向社会,双向选择,自主择业"已成为毕业生就业制度的基本特征。人们都面临着择业、就业、失业、再就业的问题。因此,中职学生必须调整目标,树立"不求对口先就业,先求生存后发展"的观念,用新观念去指导就业实践,以积极的态度投入到市场经济的大潮中去,在竞争中磨砺,在奋斗中成熟。

2. 进行准确定位,调整就业期望值　目前,就业市场化、自主择业给中职学生带来了机遇与实惠,但许多中职学生对市场残酷的一面认识不足,对就业市场的客观实际了解不够,很难找到与之相匹配的职业。因此,要顺利就业就必须首先根据自己的实际情况和就业形势,准确地定位,即给就业市场一个定位,给竞争对手一个定位,给自己能力一个定位,做到就业不盲目乐观,也不消极悲观。同时,要及时调整自己的就业期望值,找准坐标,使自己的职业意向与社会的需求相吻合。

3. 注重职业匹配,重视择业心理教育　在当今社会里,真正能发挥学生学习积极性,是要顺应学生自身的特点,找寻与之相配的专业和职业,发挥其优势,学生才会提高学习积极性,激发潜能;除此以外,重视培养自身对专业和职业的兴趣,也是办法之一;合理地进行人-职匹配,科学地进行择业决策。调适其心理状态,要求中职学生改变过去那种"四平八稳""等客上门"的懒散作风,树立靠自己的能力去拼搏、去奋斗,靠良好的素质去争得一份比较理想的职业。

4. 进行挫折教育,提高心理承受力　在就业市场化、需求形势不佳、就业竞争激烈的条件下,处于相对劣势的就业弱势群体的中职生在求职择业时难免会遇到许多困难、挫折甚至委屈,个别中职学生择业失败后,就感到无颜面见他人,不敢与用人单位接触,情绪低落、一蹶不振甚至精神崩溃、行为失常。为此,要对中职学生进行挫折教育,使其有遭遇挫折的心理准备,使其能够在求职择业遇到挫折时,用冷静和坦然的态度对待,客观地分析自己失败的原因,进行正确的分析,调整自己的求职策略,学会安慰自己,以便在下次的求职中获得成功;使其掌握应付挫折和自我心理调节的技能,克服亏不得、输不起的不健康心理,从而形成能谦让、能容人乃至能吃亏的心理,善于在挫折中奋起。

三、中职学生择业心理调适的方法

(一)自我总结

1. 现在的情况　明了自己当前的状况有利于自我调整未来的发展方向。中职学生的自我总结可以集中在以下几个方面:①读中职的原因;②选择就读这所学校的理由;③选择现在的专业的原因;④对学校老师和同学的印象;⑤通过哪些方法和途径学到哪些知识、技能以及专业以外的哪些本领？⑥自己的优缺点、兴趣爱好；⑦自己的人生观、价值观和未来的抱负；⑧老师、同学、父母、亲戚、朋友以及周围人对自己的评价、看法、期望；⑨中职生活对自己的未来可能产生的影响，等等。

通过总结，个人会对自己产生一个全面而清晰的印象，并将这些内容整理出来，以备撰写简历和面试时作为参考使用。

> **重点提示**
> 自我总结从时间概念上来说，就是对自己的过去和现在的情况进行评价。

2. 过去的情况　通过对过去经验的总结，有利于理解自己的现在和推断自己的未来发展。对过去情况的总结可以从关键人物、关键事件和职业幻想三个方面入手。

(1) 在过去的岁月中影响自己的关键人物：①家庭成员，包括祖父祖母、父母、兄弟姐妹等；②社会交往，朋友、老师、同事、师傅、前辈、邻居等；③参照人物，包括历史名人、社会名流等。

(2) 影响自己的关键事件：①家庭事件，包括儿时的游戏、家庭人际交往、家务活动、移居、父母离异、家庭成员意外事故等；②社会活动，包括重大社会事件、旅游或去外地、外国生活、求学、短期工作、创造性活动等；③自我身心事件，包括健康问题、奖惩经历、成功、挫折等。

(3) 过去曾幻想过、向往过的职业对现实的选择也会发生潜在影响：①列出自己曾幻想过、向往过的职业或工作，看看其中有无现在仍然感兴趣的职业；②分析一下，自己多年来为自己最感兴趣在职业或工作做出过哪些努力与尝试，是否有过成功的感受；③分析自己这些曾幻想过、向往过的职业或工作能够满足五个需要层次(生理需要、安全需要、爱与归属需要、尊重需要、自我实现需要)中对应层次的需要。

3. 结合当前情况评价和过去情况评价　个人可以从下述五个方面对自己进行一个"自我满意度"测试。

(1) 自己读中职时的形象与气氛。
(2) 自己的专业成绩、专业水平和各种能力。
(3) 自己的生活圈子与生活方式。
(4) 自己将来发展的实力。
(5) 自己中职生活的整体印象。

在最终决定自己的满意度时，对自己的期望值进行检验，看看是否定得过高还是过低，并进行适当的调整。

(二) 自我发掘

通过对自己过去与当前情况的总结，进一步对自己进行深度挖掘，有利于发现自己与未来职业发展有关的品质。

1. 明确自己的优缺点　敢于面对自己的优缺点，是一个人心理成熟的标志。在明确自己优缺点的基础上确认自己的真实形象，有利于自我调整和自我发展。需要了解造成自己性格上问题的原因：①受家庭或他人的保护太多；②缺少锻炼机会；③过去受到过太多的挫折和打击；④对自己的出生、所在地、所在学校、所学专业有自卑感；⑤自己与周围他人对事物的看法不一致等，然后根据具体原因进行自我调节。

2. 体察自己的个性　结合择业了解自己的个性,可以从三个方面着手:①能力;②职业兴趣;③价值观。

个人还不能确定自己对自己的个性是否真正全面把握的话,可以求助于专业的心理学工作者和职业指导专家,他们可以运用一些标准化的心理测量工具(如一般能力倾向测验、霍兰德职业倾向性测验、斯特朗-坎贝尔职业兴趣测验等),对求助者的个性特征进行全面、科学、客观的测评。

3. 揭示自己的困扰　把择业过程中困扰自己的问题揭示出来,及时加以排除,也是保证决策过程理性化的一个重要方面。中职学生的择业苦恼可能会来自己认为不满意的三个方面。

(1)来自自己的苦恼:①性格与能力;②健康与体力;③生理特点;④学业成绩。

(2)来自他人的苦恼:①朋友与师生关系;②恋爱问题;③父母、亲戚关系;④其他人际关系。

(3)来自就业的苦恼:①毕业后的发展和前程;②就业的激烈竞争;③家庭经济情况、父母期望与事业发展之间的矛盾;④生活目标不清楚等。

第一类苦恼所涉及的内容是无法改变的,需要自己正确对待,在择业时扬长避短;第二类苦恼所涉及的内容是可以争取改善的;第三类苦恼所涉及的内容是在择业过程中需要解决的问题,主动权掌握在自己手里。

(三)确定自己的"职业锚"

"职业锚"即职业自我观,由自省的才干和能力、自省的动机和需要、自省的态度和价值三个要素构成,其功能是指导、制约、稳定和整合个人的职业。

"职业锚"的类型有:技术型、管理型、安全型、自主型和创造型。通过理性的自省确定自己一生的职业起点和职业归属,有利于找准"踏脚石",把自己的人生资源投向某一确定目标,引导自己的"职业航船"乘风破浪,到达成功的彼岸。

讨论与思考

1. 请问中职学生的主要心理特征有哪些?怎样进行心理调适?
2. 什么是个性?中职学生的个性特征有哪些?
3. 怎样对中职学生的心理素质进行培养?
4. 职业心理发展经历哪些阶段和特点?
5. 总结中职学生择业的心理有哪些?请问中职学生择业心理调适的意义及心态是什么?

(刘　晓)

第 8 章

职业生涯发展与就业、创业

学习要点
1. 树立正确的就业观
2. 掌握求职技巧
3. 了解创业应该具备的基本素质和能力
4. 熟悉制订创业计划书的基本要求和步骤

第一节 正确认识就业

在竞争日益激烈的今天,就业对于中职生来说,必然会有压力。在这样的压力之下,树立起正确的就业观,了解就业政策与就业形势,调整就业观念和行为,显得尤为重要!

一、树立正确的就业观

面对就业压力,如何打破中职生就业难的魔咒,树立正确的就业观是关键。观念决定行为,只有及时改变传统的就业观念,才能最大限度地减少求职过程中的压力和阻力。

（一）改变传统的就业观念

1. 求稳定、怕风险的观念根深蒂固　随着市场经济的逐步深入,"优胜劣汰,适者生存"这个自然界中的规律越来越多地用在了企业之间的竞争,在这个竞争中参与者的生与死便成了很正常的事情,转眼间,"铁饭碗"被打碎了。人们必须打破求稳定怕风险的传统观念,树立全新的就业观念。

2. 不愿从基层做起　中职生就业压力很大,但是依然不屑于下基层做一名基层医护人员。所以基层缺医少药的现实和中职生找不到理想工作之间形成了很大的冲突。只要大家扭转这一传统观念,坚持从实际出发,到基层和艰苦的地方就业,一定能在平凡的岗位创造出不平凡的业绩!

3. 过分强调专业对口　由于社会竞争激烈,如果过分强调专业对口,只会导致就业渠道越来越窄。中职生应该在专业不能对口的情况下,去考虑与专业相关的职业,甚至是与专业无关的职业,这样才能拓宽自己的就业渠道。

4. 片面追求工作地域和待遇　中职教育是培养行业需求的实用技能型人才的教育,对学生的基础文化课要求不高,而大城市往往集中了很多的高精尖人才,中职生如果片面追求工作地域,可能对自己的职业生涯发展不利。

薪酬是从业者和用人单位之间很敏感的话题,追求高薪酬原则上没有错误,但是必须摆正自己的位置,正确估量自己的价值,不要因为单纯追求高薪酬而忽视了自我价值的实现。

(二)树立正确的就业观

1. 认清就业形势,给自己合理定位　就业竞争虽然很激烈,但一定会给每个人留下适合的角色和位置,所以给自己一个合理的定位很关键。只有将主观愿望与自身实际结合起来,将社会的需要与个人的能力结合起来,才会有成功的胜算。

2. 树立"先就业、后择业、再创业"的就业理念　许多人都想一毕业就自己闯一番事业,但是往往都不同程度地受到资金、工作经验、视野、人脉等因素的制约。正确的选择应该是先找到一份工作,积累经验、积累资金、积累人脉,再选择自己喜欢的职业或者自主创业。

3. 要有适时的应变意识　市场瞬息万变,凡事都会出现"计划赶不上变化"的情况,就业更是如此。作为一名中职生,一定要有应变意识,做好随时改变计划的心理准备。

4. 树立"终身学习"的意识　"活到老学到老"的道理在今天依然适用。对于就业者来讲,唯有用知识武装头脑,用不断学习的意识去打败对手,才会立于不败之地。

> **专家提示**
>
> 树立"先就业、后择业、再创业"的就业理念,积累社会经验和人脉资源,为今后的发展奠定良好的基础。

二、认真分析就业形势

(一)分析国家就业政策

就业政策是以国家为主体,在特定条件下实行的以促进劳动就业,加强就业管理为主要形式,旨在解决就业问题,满足社会发展和劳动者需要的社会政策。适时关注就业政策,可以帮助就业者确立更加合适的就业目标。例如,2011年我国出台的大学生基层就业的政策,鼓励和引导毕业生到城乡基层就业,重点解决大学生就业难的问题。分析了这样的政策之后,就业者完全可以选择报名做一名"村官",这会帮助他更快地实现自己的人生价值。

(二)分析就业地经济环境

就业地的经济环境是影响当地就业者选择职业的重要因素,内容包括经济发展状况、劳动力供求状况、产业结构、人们的收入水平等因素。

(三)分析行业环境

行业环境包括行业的发展状况、发展趋势、优势劣势或存在的问题。分析时要结合社会大环境进行分析,只有这样,才能更好地选择行业和企业,为自己就业奠定良好的基础。

三、学会拓宽就业渠道

2014年仅高校毕业生就达到727万人,被称为史上"更难就业年",面对如此大的就业压力,中职生怎么办？这个问题应该深入研究。

(一)从学校方面

1. 应该努力争取"校企合作",以"定单式培养",帮助学生拓宽就业渠道。
2. 建立和完善就业信息网络,为学生和用人单位提供畅通的信息渠道。
3. 建立完善的职业技能机制,通过全国和省级技能大赛展示学生风采,并推优就业,扩大学校的影响力。

(二)从学生方面

有以下九种就业渠道可供其选择。

1. 通过劳动和社会保障部门主管的劳动力就业市场就业。
2. 通过人事部门主管的人才市场主动就业。
3. 通过各种社会职介机构择优就业。
4. 通过学校就业机构运用校企联系方式推荐就业或信息服务指导就业。
5. 通过亲朋好友等社会关系推荐就业。
6. 自主创业。
7. 参军。
8. 进入农村基层(乡、村)行政事业单位。
9. 继续深造读书。

四、职 业 适 应

职业适应包括从生理到心理的适应,从学生到职业人的适应,从职业岗位到社会生活的适应等,主要表现在以下五个方面。

(一)人生角色的转换

社会学中角色是指与人们的社会地位、身份相一致的权利、义务的规范与行为模式,是人们对具有特定身份的人的行为期望,是构成社会群体或组织的基础。

角色转换是指个体的人在社会关系中因社会任务和职业的变迁导致的角色变化。究其实质是由认知到行为的变化,从根本上讲是一个人前后权利和义务的变化和调整。

1. 学生与"职业人"的角色差异　从学生到职业人是一种社会角色的重要转换,其核心是从"要"到"给"、从"索取"到"奉献"的转变。具体区别如下。

(1)社会责任不同:学生的责任是学习、掌握知识,提高能力和素质;职业人的责任是为社会提供服务。

(2)所处环境不同:学生是"宿舍—教室—食堂"三点一线的环境,单纯、简单;职业人的环境则比较多变,经常因为工作关系变换环境,生活节奏比学生快,生活压力较大。

(3)人际关系不同:学生面临的人际关系主要是同学之间的关系,单纯、清澈;职业人的人际关系比较复杂。

2. 常见角色转换障碍　校园和职场差异很大,面对变化了的环境和人,出现角色转换障碍是很常见的。

(1)角色固恋:角色固恋指个体的成长环境发生变化,但仍采用过去的、不适应的思想观念和行为模式应对当前环境,刻板地沿用过去的角色模式。

(2)角色冲突:角色冲突指一个人从一种社会角色转入另一种不同的角色之后,无法很好地转换角色或两种不同角色的行为规范互不相容,使他左右为难。

(3)角色失败:角色失败指角色扮演者无法进行角色扮演,不得不中途退出或尽管没有退出角色,但已被事实证明角色扮演失败。角色失败是角色转换障碍中最严重的情形,往往会给个人造成重大打击,给社会带来不利影响。

3. 角色转换障碍产生的原因

(1)素质因素:学校的理论知识与工作实践的要求存在很大差距,当所学知识不能满足工作需要的时候,部分学生便会出现角色转换障碍。

(2)观念因素:读书时主要靠个人努力,而工作后不仅要靠个人,更需要团队合作;书本知识是半封闭思维,走向工作岗位后,需要培养开放性思维和评判式思维方式。

(3)性格因素:工作岗位不同,对从业者的性格要求也不同。从业者必须根据工作需要,努力克服个人性格缺陷,培养良好的素质和性格,以积极的心态对待工作。否则,必然出现角色转换障碍。

4. 解决角色转换障碍的方法　作为一名毕业生,出现角色转换障碍是正常的,关键在于怎样才能最快、最有效地完成角色转换,克服心理障碍。

(1)尽量克服学生清高的一面,有助于他们快速融入单位的集体中。

(2)待人礼貌,主动随和,心胸开阔,处理好工作中的人际关系。

(3)工作中遇到难题要勤学好问,用高标准要求自己,提高业务能力。

5. 护理工作角色特点　医学的进步,加速了护理学的发展,护理工作已进入以"人群健康保健"和"整体护理"为主要标志的现代护理阶段。人们对护士的角色有了新的期望,不仅要求护士是健康的照顾者,而且要求护士成为集健康咨询者、协调者、教育者、实施者于一身的专业技术人员。

(1)照顾者:运用护理程序为患者提供服务,满足其生理、心理及社会等方面的需要。

(2)教育者:护士可以在医院、学校、家庭和社区等场所提供相关的健康教育。

(3)咨询者:护士有责任为护理对象提供健康信息,给予预防保健等专业指导。

(4)管理者:护士需要管理患者、家属、治疗环境和相关物资,管理医疗费用,进行经济核算等。

(5)合作者和协调者:护士需要与服务对象、家属、医师及其他专业人员紧密配合,更好地满足护理对象的需求。

(6)患者利益维护者:护士有责任保护患者的利益和权利不受侵害。

(7)示范者:护士应在预防保健,健康生活方式等方面起示范作用。如不吸烟,讲卫生,文明礼仪,体育锻炼等。

(8)研究者和改革者:护士应运用科学研究的方法解决护理实践中遇到的问题,积极探索,改革创新,改进护理服务内容,提高服务质量,推动护理事业的发展。

> **专家提示**
>
> 护理人员必须主动转变和更新护理理念,提高专业素质,实现角色转换。

(二) 做好就业心理准备

1. **克服盲目从众心理** 事业成功者往往有很强的独立思考能力,能发现一般人不能发现的问题,捕捉到更多的成才机遇。

2. **克服自卑心理** 要善于发现自己的长处,相信别人能做的事自己也能做,大胆表现自己,逐步增加自信,不断完善自己。

3. **克服虚荣心理** 虚荣心强的人,在求职中往往不从自己的优势出发,不考虑自己的竞争力,不顾及自己的专业、特长和爱好,把注意力全部集中到大城市、社会知名度高或经济效益好的单位。到大城市、行政事业单位就职,并不一定是每个毕业生最佳的选择,应从社会需要、自身条件以及今后发展前景等多方面考虑,恰当地选择自己的求职道路。

4. **克服妒忌心理** 克服嫉妒心理,主要靠加强自我修养,提高道德水平来改变自己,关键要做到真诚待人、互助互爱。

5. **克服消极依赖心理** 自己是求职的主体,一定要发挥主观能动性,树立主体意识。

(三) 生理适应包括对工作时间、劳动强度以及紧张程度的适应

由于护理工作需要倒班,经常加班,部分毕业生不能适应,出现头晕、头痛等症状。只要注意休息,及时调整作息时间和心态,大部分人还是能够适应的。

(四) 知识技能适应

知识适应包括文化、专业、安全、卫生、道德等知识的适应;能力适应包括专业技术和一般工作能力的适应。专业技术能力与职业岗位联系最紧密,主要指操作能力。一般工作能力主要指获取信息的能力,分析、解决问题的能力,决策、创新能力,组织、经营、管理能力,独立工作能力,应变能力与竞争能力等。

(五) 人际关系适应

工作关系比同学关系复杂得多,会有和利益直接相连的竞争冲突,对于刚走上工作岗位的人来讲,一定要提升沟通能力,做好人际关系的适应。

第二节 求职策略与技巧

毕业求职,自主择业,是每个毕业生必须面对的问题。掌握求职技巧并能在求职过程中灵活运用,会收到事半功倍的效果。

一、自我推销

传统意义的推销是指营销人员将产品或服务卖给顾客的过程。自我推销用了推销的引申含义,主要指通过自身的努力获得对方的认可、肯定、尊重、信任和接受。

(一) 自我推销的原则

1. **主动性原则** 顺利求职的关键是自己主动出击,把主动权掌握在自己手中。
2. **适当性原则** 求职必须自信,但这个度一定要把握好,如果变成了夸夸其谈、自吹自擂,那就会给人华而不实的感觉了。

(二) 自我推销的基本要领

1. **正确认识自我** 认识自我,做好定位,是自我推销的前提。既不要高估自己,也不要贬低自己,平静而又理智地看待自己的优势与劣势,牢牢把握自己的核心竞争力。

2. 积极主动　要想找到理想的工作岗位,单靠供需双方的见面会是很难一次成功的,应该积极主动地走出校门,寻找推销自我的机会。

3. 充满自信　自信是成功的前提,是一种积极向上的心理状态,是成功自我推销的基础。

4. 要控制好自己的情绪　人的情绪会随着外界事物的影响而变化,尤其是在自我推销这样的场合,更容易出现情绪波动,自荐者一定要控制好自己的情绪,不要给自己留下遗憾。

5. 应以对方为导向　自我推销一定要以对方的感受为主,努力找准切入点,说服对方。

(三) 自我推销的方式

目前常用的自我推销方式有口头推销、电话推销、书面推销、网络推销和广告推销等。

1. 口头推销　这是一种最常见的自荐方式。应聘者到用人单位或招聘现场,直接展示自己的风度和才华,尽量给对方留下深刻的印象。

2. 电话推销　只能起到投石问路的作用,必须辅以书面材料或面试。

3. 书面推销　覆盖面宽,不受时空限制,简便易行,但反馈率低。

4. 网络推销　借助网络平台进行推销,信息量大,覆盖面广,可扩大应聘范围。

> **重点提示**
>
> 自我推销的方式有很多种,一定要根据自己的实际情况选择合适的方式成功推销自我。

(四) 简历

简历是求职者发给招聘单位的简要介绍,包含的内容有姓名、性别、年龄、民族、籍贯、政治面貌、学历、联系方式;自我评价、工作、学习经历及本人对这份工作的简要理解等。

1. 制作个人简历的基本要求

(1) 真实性:一定要如实描述自己的真实情况,生活中总有人认为个人简历需要夸大其词,成功的概率才会大,但殊不知一旦自相矛盾,则会适得其反。

(2) 简洁明了:招聘者每天要阅读大量的简历,很多时候不可能全篇阅读,把最重要的东西浓缩到一页是很重要的。所以,简历要突出重点,简洁明了。

(3) 准确无误、制作精细:错别字多或排版错误的简历,是招聘单位不能容忍的。所以,简历中的每一个用词、术语都要经过仔细推敲,不同的字形、字号或版式都要用心设计,做到准确无误。

(4) 注重细节:不要忽略自己的短期工作经验,哪怕只有一天的社会实践,只要跟申请的职位相关,也要做详细的描述。

2. 简历的格式　见表8-1。

表 8-1 简历的格式

姓名		性别		出生年月		照 片
身高		民族		籍贯		
政治面貌		学历		专业		
毕业学校						
联系电话						
通信地址						
E-mail						
教育经历						
奖惩情况						
特长						
熟悉软件						
自我评价						
校园经历						
社会实践经历						
技能证书						
就业意向						

3. 投递简历技巧

（1）有的放矢：投递简历前一定要先了解应聘岗位的具体职责、专业要求、学历要求、附带条件等，然后制作、投递合适的简历。

（2）切忌向一个单位申请多职：向同一个单位申请多职，非但不能表明你能力超人，反而会让用人单位认为你盲目、没主见，或者专业技能差、无特长等。

（3）第一时间投递简历：当应聘单位的招聘信息公布后，按照要求在第一时间内投递简历，会比较顺利地进入筛选程序，抢占先机。

二、面试技巧与求职礼仪

面试从字面上讲，就是面对面的测试，指应聘者和面试官之间面对面的语言和行为的交流活动。通过面试，面试官可以了解应聘者的形象、语言表达、知识结构、兴趣特长等综合素质，应聘者可以了解应聘岗位和单位的情况等。如今，面试已经成为用人单位考查、选拔人才的必备程序。

> **知识链接**
>
> 面试可以根据不同的划分标准而分为很多类型,例如,根据面试的标准化程度可以分为结构化、非结构化和半结构化面试;根据面试对象的多少可以分为单独和集体面试;根据面试的进程可以分为一次性和分阶段面试;根据面试的目的可以分为压力性和非压力性面试等,以下只介绍根据面试内容划分的5种类型。
>
> 1. 模块化面试　由主考官根据预先准备好的问题和细节,逐一发问,目的是获得有关应聘者全面、真实的情况,观察应聘者的仪表、谈吐和行为。
>
> 2. 问题式面试　由面试官对应聘者提出一个问题或一项计划,请应聘者在一定时间内完成解决。其目的是考查应聘者独立分析问题、解决问题的能力。
>
> 3. 非引导式面试　面试官与应聘者自由交谈,让应聘者自由发表意见,气氛活跃,在闲聊中考查应聘者的能力、知识、谈吐和风度。
>
> 4. 压力式面试　面试官有意识地对应聘者施加压力,针对某一问题进行一连串的发问,问题很详细,甚至追根问底,直至无法回答。其主要考查应聘者在突如其来的压力下能否做出恰当的反应,观察其机智程度和应变能力。
>
> 5. 综合式面试　由面试官通过多种方式综合考查应试、聘者多方面的才能。

(一) 面试前的准备

1. 面试前的心态准备　①树立自信心;②积极的心理暗示;③接纳自己正常的焦虑;④学会放松。

2. 面试前的形象准备

(1) 发式:发式应该干净、整洁、大方,不梳怪异发型,不要有太多的发饰。

(2) 着装:男士一般以西装、皮鞋为宜,女士以职业装为宜,但也不是唯一的着装风格,总体上着装要根据你应聘的岗位特点适当调整,只要大方、稳重、协调即可。

(3) 化妆:女生面试时化淡妆即可,浓妆艳抹只会给自己的面试带来适得其反的效果。

(4) 装饰物:面试时装饰物不可过多,能摒弃最好。

3. 面试前的职位调研　了解招聘单位的性质、规模、经营状况、工资待遇、社会保障、福利、培训等情况,做到心中有数,以防面试官问一些相关方面的问题。

4. 材料准备　尽量详尽地准备好个人简历、学历证书、职业技能相关证书、执业资格证书、各种荣誉证书等相关材料。

5. 问题准备　面试前,应该结合专业和岗位考虑面试中可能提出的各类问题,有备无患。

(二) 面试中的基本礼仪

1. 不要迟到　提前到达面试地点,既可以表示求职者的诚意,又可以利用早到的时间调整自己的状态。

2. 要遵循基本的见面礼仪　先轻声敲门,得到允许后再进去;开关门动作要轻,以从容、自然为好;进去后主动向面试官问好,称呼应当得体;面试官请你坐下时,及时道声"谢谢",并保持良好坐姿,落落大方;离开时应询问"您还有什么要问的吗?"或"我可以离开了吗?"得到允许后应微笑起立,道谢并说"再见"。

3. 对用人单位的问题要逐一回答　对方介绍情况时,要认真聆听,在适当的时候点头示意或提问、答话。回答问题的声音要适度清晰,答案要简练完整。尽量不要打断对方的问话或抢问抢答,否则会留下急躁、不礼貌的印象。若对方问话完毕,自己没听明白时可要求重复。当不能回答某一问题时,应如实告诉对方,含糊其辞和胡吹乱侃只会导致面试失败。

4. 举止文雅大方,谈吐谦虚谨慎,态度积极热情　第一,当主考官有多位时,回答谁的问题,你的目光就应该注视谁;第二,谈话时不要东张西望,也不要总是低头;第三,当面试官向你索要个人简历、推荐信等物品时,要保证不用翻包即可找到,递物时要双手呈上。

5. 其他　面试时一定记得把手机调至静音或关机。

(三)面试常见问题分析

面试过程中,应聘者的回答将成为面试能否成功的重要依据。下面就面试中常见的问题提供答题思路。

1. 第一类问题　"请你做自我介绍"或"介绍你的家庭"等,这是一些和你自己相关却不容发挥的问题类型,答题思路如下。

(1)介绍内容一定要与个人简历相一致。

(2)说重点内容即可,不谈无关、不着边际的内容。

(3)先最好以文字的形式写好背熟,这样可以做到从容淡定,胸有成竹。

2. 第二类问题　"谈谈你的优点缺点""说说你的业余爱好""说说你的座右铭""你最崇拜谁""如果这次面试不成功你有什么打算"等,这些问题能反映出你的爱好、兴趣、性格、心态,答题思路如下。

(1)不要说自己没有业余爱好、没有座右铭之类的话语,这会让面试官对你质疑。

(2)不要说那些自认为酷但很庸俗的爱好和座右铭。

(3)不要说自己谁也不崇拜,崇拜的人最好能和应聘的工作有关系,实在找不出关系则说出崇拜的人的某项特殊品质或工作态度、责任心等让你崇拜的地方为最佳答案。

(4)最好说些和工作有关的优点,缺点则尽量说些无关紧要的缺点,千万不要说"我的缺点是没有责任心"等影响你成功面试的答案。

(5)如果回答面试失败后你的打算,你可以说"不气馁或找出自身问题继续努力"等。

3. "你为什么选择我们公司""你选择我们单位主要看重哪一个方面"等反映你求职的动机、愿望问题　答题思路如下。

(1)建议从行业、企业和岗位这三个角度来回答。

(2)尽量不要说你只看重这个单位的薪资等敏感问题。

(3)部分学生会说能让我锻炼、提高等,这是一种不太好的答案,每个单位选择你工作最主要的还是你能为他们创造利润,或者能为他们提供服务,而不是单纯让你提高、锻炼。

4. "你想要一个什么样的上级""如果你和你的上级意见不一致你会怎么办"等陷阱问题　答题思路如下。

(1)回答"你想要一个什么样的上级"等问题时,可以说自己是职场新人,每一个上级都会有自己的独到之处,你更重要的是向他们学习,快速成长,为单位做贡献,而不是对上级挑三拣四。

(2)当你和上级意见不一致时,可以这样回答,"我会委婉地给上级必要的解释和提醒,在没有重大问题的情况下,我会服从上级的意见。对于涉及单位利益的重大问题,我在坚持自己意见无果的情况下可以选择向更高层领导建议"。

当然，面试中不可能只有以上四类问题，但只要你始终保持明确的目标，坚定的信念，优良的素质，以不变应万变，相信你的面试一定可以成功！

三、笔　　试

用书面回答问题的方式进行应聘考试，叫笔试。一般行政单位、大型企事业单位会在面试前先进行笔试，淘汰掉一部分人之后择优面试。

(一)笔试的类型

根据笔试的内容，可以分为专业技能型笔试、智力测验型笔试、通用知识型笔试和心理测验型笔试四大类。

1. 专业技能型笔试　这种笔试对专业知识的要求很高，要以雄厚的专业知识做铺垫。
2. 智力测验型笔试　主要测试应聘者的记忆力、分析观察能力、综合归纳能力、思维反应能力以及对于新知识的学习能力。
3. 通用知识型笔试　主要考查应聘者的沟通、协调、写作等工作中的通用能力。
4. 心理测验型笔试　主要完成对应聘者的心理状态、个性特征和性格测试。

从许多单位的笔试看，每一个单位的笔试往往都不可能彻底分清楚大类，大部分单位都是在一张试卷里按照比例包括了以上四类试题，想借此机会全方位考查应聘者的各项能力。

(二)笔试的答题技巧

1. 先易后难，调整顺序　笔试题目多，时间紧，应试者要合理规划题目，看清题目要求后，按先易后难，先简后繁的原则答题，否则，很容易出现时间不够用的情况。
2. 仔细审题，弄清题意，将学过的知识融会贯通，相互比较分析，最终得到正确答案。
3. 字迹要工整，容易辨认，卷面整洁，格式正确，尽量不写错别字。
4. 仔细检查，审后交卷。

四、识别求职陷阱

(一)常见的求职陷阱

1. 收取押金等费用　用人单位以任何名义收取的求职押金、保证金、培训费、服装费等费用均属不合法行为。
2. 传销　凡是以诱人的利益让你鼓动身边的亲戚朋友一起加入，并层层分成，一定要当心传销等陷阱。
3. 单位不和你签订就业协议书　凡是单位拒绝和你签订就业协议书的，肯定哪个方面会有问题，你必须仔细考查单位这样做的真正用意，否则，吃亏的是自己。
4. 用人合同里的试用期完全由用人单位说了算，随意写期限　在《劳动法》中明确规定了试用期的几种情况，一定要提前学习并对用人单位侵害你利益的行为大胆说"不"。

(二)如何识别和避免求职陷阱

1. 尽量到正规的人才市场求职。
2. 拒绝各种理由的收费。
3. 尽可能多地掌握法律知识和就业相关政策。
4. 签订劳动合同一定要仔细斟酌，以免上当受骗。
5. 脚踏实地靠勤奋工作获取报酬，千万不可以相信那些空中楼阁式的承诺。

第三节 创 业

创业是一种新的就业方式,它在实现个人价值的同时也为社会创造了财富,为他人提供了就业的平台。

一、创业是就业的重要形式

(一)创业的内涵

创业是一种自己给自己创造工作机会的活动,是人们了解行业需求后发挥自身的才能创造新的业绩或创立新的工作岗位的过程。

(二)创业的特点

1. 80%的人创业的目的就是获利,没有利益驱动,很多人就不会冒着风险去创业。创业过程中获利的多少,也是大多数人衡量创业者成功与否的重要标志。
2. 对于创业者来讲创新是贯穿始终的特质。
3. 创业者必须付出极大的努力,体验到创业的艰难,才能成就事业。
4. 创业中成功和失败都有可能,尤其是失败,它带来的不单是沮丧,还有经济的损失。
5. 创业会给创业者带来精神上的满足和社会的认同。

(三)创业的意义

1. **对自身的意义** 创业实现了创业者自身的人生价值,是一种新的就业方式。
2. **对国家社会的意义** 为他人就业创设了岗位;为社会积累了财富;为国家增加了税收。

(四)创业的准备

创业有风险,在创业之前,一定要进行充分的准备,才能做到有备无患。

1. **市场调查** 为了具有准确性和可参考性,应该提前设计不同种类的调查表,分别进行市场需求调查和创业环境调查等,通过分析调查结果帮助创业者做出正确的决策。
2. **创业风险预测** 创业前应充分估计可能出现的风险,并预估自己能承担的风险底线,制定出相应的应对措施,才能将损失降到最低限度。
3. **选准项目** 选项目很关键,创业者如果能选好项目,那你的创业成功率一定会很高。
4. **制订计划** 选定创业项目后,必须制订一份完整的创业计划书,这是创业的前提。
5. **组织实施** 创业者的生产经营活动,必须符合国家的相关政策,取得合法的经营凭证。

二、创业者应有的素质和能力

(一)创业基本知识

1. **经济管理知识** 经济头脑和管理素质是创业者必须具备的基本知识,生活中有不少创业者由于缺少经济管理方面的知识,没有充分考虑各项因素而导致创业失败。
2. **法律知识** 创业过程中,企业经营管理都会涉及法律法规。掌握一定的法律知识既可以避免自身触犯法律,也在一定程度上用法律保护了自己和企业的合法权益不受侵犯。
3. **财务知识** 适当的财务知识会让创业者在资金周转和运营过程中更加自如并准确地估计盈亏。
4. **消费心理学** 营销过程中,如果能准确把握对方的心理活动,会起到事半功倍的效果。

(二) 创业者需具备的素质和能力

根据我国目前的创业环境，要成为一名成功的创业者应至少具备以下素质和能力。

1. **鲜明的个性特征**　个性是创业者的特质，是智力、性格、情绪和意志的综合体。

2. **敏锐的政治观察力和准确的市场判断力**　国家的有关政策、市场的各种信息，都可能成为你在创业路上的关键因素，所以创业者一定要具备这两种能力。

3. **创新意识**　创业者要摆脱思维定式，发挥创造性思维，开创全新的局面，这样才能独树一帜，永远立于不败之地。例如海尔集团的张瑞敏，发明第一台洗红薯的机器就是洗衣机带给他的灵感，这样的创新意识让他抢占了先机。

4. **决策能力和抗压能力**　企业的经营方向来自创业者的决策。作为一名决策者，必须具备一定的战略眼光和决策能力，并要有能力承担创业过程中可能出现的各种风险和压力。

5. **学习能力**　随时随地可能遇到的新环境和不断变化的新形势，要求创业者必须具备很强的学习能力，不断更新知识和技能，综合运用所学知识。

6. **组织管理和协调能力**　创业者是企业的引领者，只有保持一定的高度，具备较强的组织和协调能力，才能不断完善组织机构，合理整合资源，协调关系，保障企业正常高效运作。

7. **良好的心理素质**　创业者身担重任，随时面临决断和考验，心理压力必然会很大，这就要求创业者一定要学会调整自己的情绪，保持良好的心态。

三、中职学生创业的优势

(一) 中职生的年龄特点

中职生毕业年龄一般在17—20岁，正是精力充沛、敢闯敢干的年龄，具备"初生牛犊不怕虎"的精神，这有利于中职生进行创业活动。

(二) 中职学校坚持以就业为导向，积极开展职业生涯规划指导

中职生年龄小，职业规划能力弱，所以中职学校普遍比大学重视职业生涯规划和就业创业指导，这为中职毕业生创业奠定了基础，使他们对创业的认识也更加理性和合理。

(三) 国家、地区以及行业为创业提供了广阔的天地、优惠的条件和良好的空间

1. 很多公司为了吸引个体业主加盟经营，会提出许多优惠条件或提供部分设备。

2. 许多地区为学生创业开辟了孵化中心，免费为学生提供创业用办公场所和创业指导，甚至无息提供创业启动资金。

3. 目前，国家正在采取各种优惠政策培育第三产业、个体私营以及中小企业，吸纳大量的劳动力，所以，中职生要善于抓住机遇，把第三产业作为创业的主攻方向。

4. 抓住社区服务业的大好商机，选对路子，大胆创业，一定会收到事半功倍的效果。

> **专家提示**
>
> 克服盲目创业的倾向，做好调研，设计好方案，知己知彼，才有成功的可能！

四、创业计划书

创业计划书是技术创新与风险投资相结合的产物，是缺乏资金的创业者就某一具有市场前景的新技术、新产品或服务提出的可行性报告，目的是争取风险投资家提供的创业初期的

投资。

(一) 创业计划书的内容

包括创业的种类、资金规划、分阶段目标、财务预估、行销策略、可能风险评估以及内部管理规划等。

1. 创业的种类　包括创办事业的名称、组织形态、项目、产品名称、企业名称、基本客户等内容。

2. 资金规划　资金是创业的保障，创业计划书里应该写清楚资金的来源和详细的分配、规划。如果需要用创业计划书来申请贷款，应说明贷款的用途。

3. 阶段目标　包括短期目标、中期目标和长远目标，清晰的目标可以指明创业的方向。

4. 财务预估　预测本单位未来一定时期内现金收入、支出、结存规模、资金筹措安排的预算。财务预估的作用是充分估算自己的利润空间，了解收支平衡的大概日期。

5. 行销策略　主要是找出目标市场的定位，了解产品市场在哪里？销售方式及竞争条件在哪里？

6. 可能风险评估　预估在创业过程中可能遭遇的挫折与失败，例如：客户的流失、国家政策的调整、行业竞争等，提前预估各类风险有助于创业者采取更多的措施更好地规避风险。

7. 其他内容　包括创业动机、股东名册、预定员工人数、管理制度、未来展望等。

(二) 撰写创业计划应注意的几个问题

1. 创业计划书的文字一定要通俗易懂，方便阅读。
2. 文字与数据相结合，不能只写文字没有数据。很多时候具体的数据最有说服力。
3. 除了有风险预估外，一定要同时说明化解风险的措施和承担风险的能力。
4. 创业计划应针对社会需求，并符合创业人员的专业特长、个人兴趣与实际能力。

(三) 编写步骤

总体来看，编写至少应该包括以下四个方面，你的计划书才会做到尽可能合理：
第一阶段，经验学习；第二阶段，创业构思；第三阶段，市场调研；第四阶段，方案起草。

讨论与思考

1. 结合实际和同学老师讨论一下自己的就业观念，看哪些是正确的，哪些是错误的？
2. 护理工作者的角色与学生的角色有什么不同点？如何才能适时转换角色？
3. 求职者参加面试时应注意哪些问题？
4. 在校生如何做好创业的准备工作？

（冯莉莉）

第9章

职业生涯规划的管理与调整

学习要点

1. 职业生涯规划管理的含义
2. 职业生涯规划管理的意义
3. 职业生涯规划执行实效检查的内容与形式
4. 职业生涯规划调整的必要性、时机和方法
5. 职业生涯成功评价形式和职业生涯规划评价形式

第一节 科学管理职业生涯规划

"如果将职业生涯比作一次次通往成功的旅途,那么,下一站你在哪里?"面对这句富有哲理的话,你是否有所感悟?一个人如果按平均寿命77岁计算,他的职业生涯至少有30年,几乎占据了人生的大部分时光。我们要想获得职业生涯的成功,就要拨亮心灯,不但要知道自己的起点和目的地,还要知道用最合适自己的方式向目标前行,在职业生涯规划的具体运作中科学管理、合理修正,保证职业发展目标的实现。

一、管理使职业生涯规划得以科学落实

职业生涯规划管理最初起源于欧美国家,20世纪90年代,随着我国社会主义市场经济体制的建立和完善与社会就业问题日益突出,成为当今社会广泛关注的热点问题。

(一)职业生涯规划管理的含义

所谓管理,即是管得住、理得顺。职业生涯规划管理是指对职业生涯各个阶段计划的实行、组织、指挥、协调和控制,从而保障高效率地完成既定目标。职业生涯规划管理是一种实践过程,是思想与行动的统一。

从管理者的角度,职业生涯管理可分为组织职业生涯规划的管理和个人职业生涯规划的管理。

1. **组织职业生涯规划管理** 是指组织(企业)针对员工个人和组织共同发展需要进行的

职业生涯规划管理,称为组织职业生涯规划管理。

在管理过程中,组织把个人发展目标和企业发展目标结合,对影响员工职业生涯的个人因素和环境因素进行分析,制订员工个人职业生涯发展规划,为员工的职业生涯规划进行管理,并创造各种条件促成这种规划得以实现。

组织职业生涯管理的作用是双向的。一方面组织(企业)通过对员工的生涯规划管理,提升员工的职业能力,促进员工的成长;另一方面,通过对员工的职业生涯管理调动员工的工作积极性,发掘员工的潜能,促进组织(企业)的进一步发展。

> **知识链接**
>
> ××医院员工职业生涯规划的管理
>
> ××医院虽然是地方三级乙等医院,但医院吸纳了大批技术精湛的专业医疗人才,在当地非常有知名度。医院不仅靠优厚的待遇吸引、保留住高级人才,更重要的是该医院有着一整套完整的员工职业生涯管理规划。医院有针对性地为员工制订促使他们成长发展的职业生涯发展规划,让员工参加各种信度业绩考验的测试及利用其他手段进行个人特点自我评估,然后结合其工作环境,编制出每个人一份发展途径图,帮助员工实现自己的职业目标和职业理想,使员工的工作更富有成效,为员工提供实现成长和发展的机会。

2. 个人职业生涯管理　个人经过对主观因素和客观环境的分析、测定,确定自己的职业生涯发展目标后,为了保障规划的实现进行的执行、检查和改进的协调活动,即职业生涯规划的自我管理,称为个人职业生涯管理。中职生职业生涯规划管理属于个人职业生涯规划管理的一部分。

(二)职业生涯规划需要管理

当一个人确定自己的职业生涯规划后,就意味着他的职业生涯规划已经完成了吗?回答是否定的。正相反,确定自己的职业生涯规划只是"万里长征"刚刚走完了第一步。社会在前进,形势在发展,人生充满了未知和变化,为了实现职业生涯发展目标,我们要制订相应的计划,并且采取一系列措施,认真落实职业生涯规划的各项计划。所以,加强职业生涯规划的管理有十分重要的意义。

1. 通过职业生涯规划管理进一步明确自己的职业定位与职业发展方向。

2. 通过职业生涯规划管理有意识地培养适合职业发展要求的职业素养,使自己与职业理想越来越近。

3. 通过职业生涯规划管理修正并规范职业发展的轨迹,保障职业生涯准备与将所从事的职业发展战略无误接轨。

> **重点提示**
>
> 职业生涯规划管理是动态的,它贯穿于一个人的职业生涯发展的全过程。实现职业生涯发展目标,就必须结合自身兴趣、性格、能力等要素,进行自我协调管理。

案例

小雪对职业生涯规划的管理

2012年小雪初中毕业顺利地考上了当地一所卫生学校,成为了中医按摩专业的学生。到学校学习半年后,她发现自己对护理专业越来越感兴趣,每次看到学校护理专业的礼仪表演和技能展示总是让她心动和羡慕不已,后来得知中职中医按摩专业没有办法考取执业医师证书,她非常沮丧。为了解开心结,她求助学校的职业生涯规划指导教师。在进行各种分析后,在老师的指导下她做了职业生涯规划,改学护理专业。改专业后她十分刻苦,努力培养自己的职业素养和专业技能,很快在同学中脱颖而出,成为护理专业的佼佼者,还代表学校参加省级护理专业技能大赛,并获得了二等奖。小雪庆幸及时调整了自己职业生涯规划,她坚信她会是好护士,她的职业理想是将来做护士长,用自己的一技之长为患者解除病痛。

二、职业生涯规划管理必须落到实处

(一)把握职业生涯规划的管理方法

1. 生涯规划的管理方法

(1)实行:将学生时代阶段性发展计划落实。

(2)组织:以各种具体行动来推进计划的实施。

(3)指挥:指按计划部署执行进度并及时激励自己、强化必胜信念。

(4)协调:处理好个人、同学与集体社会的关系,形成良好的发展环境。

(5)控制:指掌控自己的时间,监督自己的活动,制约和矫正自己的行为。

2. 加强职业生涯规划的自我管理 管理是一种能力,学会管理自己与职业生涯发展密切相关,也是能够管理好他人的基础。

(1)管理好学习,做有知识和技能储备的人:学习给人们提供无限发展的空间,在职业生涯发展中任何人都离不开学习。中职护校的学生正处于最佳的学习时期,要学会管理自己的学习,养成良好的学习习惯,掌握学习的方法,享受学习过程,为自己的职业生涯发展注入新的活力。一方面,中职生要认真完成在学校期间的各项学习任务,既要学习理论知识,又要重视专业技能的提高,还要重视职业道德修养和综合素质的提高。另一方面,也要重视毕业后的再学习,树立终身学习的理念。

(2)管理好身体,做有健康体魄的人:健康是职业生涯过程中从事一切活动的前提和基础,进行健康管理应该做到以下几点。

1)培养良好的生活习惯,摒弃不健康的生活方式:要合理安排作息时间,合理饮食,远离垃圾食品,适量运动;要改正或避免吸烟、喝酒或上网成瘾等不良生活嗜好。

2)纠正"年轻人不需要保健"的观念。很多学生认为自己年轻,身体好,不需要保健,这种观点是不正确的,只有健康的青年,才会有健康的中年和老年。

3)保持阳光心态。特别是医护生将来的工作是与有病痛的患者打交道,更要学会适当减压,适当控制自己负面情绪,保持阳光的心理状态。

(3)管理好人际交往,做人际关系和谐的人:医护生未来的工作是为患者提供医疗、护理服务,与患者建立良好的医患关系或护患关系是工作的基本要求。因此在职业生涯发展过程中,学会与人交往,建立良好的人际关系也是落实职业生涯规划措施的重要内容,因此必须学会与人和谐相处。

1)平等相处,树立人人平等的意识。在和谐的人际关系中,每一个人的权利和人格都应受到尊重。不歧视他人,是减少人际冲突、建立良好人际关系的基本条件。

2)真诚信任。在和谐的人际关系中,人与人之间应以诚相待;相互信任是维护人际关系的基本保障;对亲人、对朋友、对人民、对祖国的忠诚是加深和巩固人际关系和谐的重要因素,也是中华民族的传统美德。

3)友善关爱。善是人与人和谐相处的基本准则。关爱之心是一种品德,也是一种境界,更是一种态度。人们之间以友好的态度相处,相互关心爱护,就可以消除隔阂,增进感情,使人间充满温暖、充满爱。

4)主动交往。有一些人总是抱怨同学之间缺少真情,缺少朋友或友爱,感到孤独、困惑甚至痛苦。其实,这些人如果主动伸出热情之手,做人际交往的主动者,而不是总是期待友谊从天而降,只做交往的响应者,很容易得到别人的友谊,与别人建立良好的人际关系。

全国道德模范郭明义曾经说过:"帮助别人,快乐自己!"当同学遇到学习、生活的挫折,或处于逆境中时,如果我们能够热情相帮,定会增进与同学们的友谊。

(二)将职业生涯规划管理落到实处

职业生涯规划既不能一蹴而就,也不是一成不变的。职业生涯规划的管理是思考与行动的统一体,是仰望星空的追求,更是脚踏实地的行动。在确定了职业生涯目标后,采取行动就成了关键的环节,如果没有达到目标的行动,目标就难以实现,也谈不上事业的成功。那么如何将职业生涯规划管理落到实处呢?

1. 制订职业生涯的具体行动计划

(1)人生发展计划:规划人生,实现梦想。在自己的一生中最想做什么?想成为什么样的人?想取得怎样的成就?想在哪些行业发展?把这些问题想清楚之后,人生目标也就基本确定了。

(2)10年计划:今后10年里,你希望自己成就什么样的事业?你的理想收入是多少?想过上什么样的生活?你的家庭与健康水平如何?把这些问题要仔细地思考清楚,一条一条地计划好,记录在案。

(3)5年计划:5年计划是将未来10年大计,分阶段实施做阶段性铺垫。这一阶段计划的制订要具体、详细,将目标进一步分解。

(4)3年计划:俗话说,5年计划看前3年。因此,3年计划要比5年计划制订得更具体、更详细,更可操作。

(5)当年计划:制订当年的计划以及实现计划的步骤、方法与时间安排,务必具体,切实可行。也可按上半年、下半年制订分计划。

(6)下月计划:包括这个月想要做的工作、需完成的任务质和量方面的要求、学习的新知识、新技能及为完成计划的支撑等。

(7)下周计划:计划的内容与下月计划大体相同,它的特点在于具体、详细、落实到哪一天、做什么、怎么做、达到什么程度,并且每周末要提前计划好下周的计划。

(8)明日计划:"千里之行,始于足下。"这是以上所有步骤中最难做的一步,因为它要求你停止梦想,开始马上的行动。计划要清晰、明了,选择最重点的几件事,按照事情的轻重缓急排好顺序,安排好时间,按既定安排去做,这样就可以避免"胡子眉毛一把抓"。

制订职业生涯规划的具体行动计划,应该由远及近,从职业生涯发展的总目标写起,然后制订出10年计划、5年计划、3年计划、1年计划,以及1个月、1周、1日计划。在执行的时候,按逆时针排列,由近及远从1日、1周、1个月的计划执行下去,直到实现1年、3年、5年、10年目标,直至职业生涯发展的总目标。制订具体行动计划是落实职业生涯规划的第一步,在制订具体行动计划时,要详细、具体、有操作性。制订计划时要依据职业生涯规划,从人生的大目标到具体目标。执行目标时要先易后难,从具体目标做起。

> **专家提示**
>
> 在制订具体行动计划时,要认真分析这个目标的现实性和可操作性,确定实现每一个目标的时限和步骤,制订为实现这一目标采取的措施,同时还要预想到可能出现的不能独立解决的实际问题和困难,寻求和确定能帮助自己实现目标的人,使计划更翔实、更科学,从而增加计划成功的概率。

2. 制订计划要把握的原则

(1)设定目标的原则:目标是动力的来源。设定目标要先有大目标,再补充小目标。

(2)执行实效的原则:设定目标,最终是为完成目标。人生计划—10年计划—5年计划—3年计划—1年计划—每月计划—每周计划—每日计划,成阶梯式分布。

(3)及时修改的原则:在实现目标的过程中,难免会出现某些失误,关键是要不断修正失误、少犯错误,这样才能尽快实现职业生涯发展目标。

3. 定期检查职业生涯规划执行实效 职业生涯的发展历程好比是攀登一座险峻的高峰,虽然有了明确的目标和比较充分的准备,但是仍然可能会遇到各种情况,职业生涯规划一旦制订就要按照职业发展目标要求规范自己的行为,并定期检查规范执行的实效。

(1)检查的内容:职业生涯规划是一个动态的过程,必须根据实施效果以及客观环境的变化及时进行检查与修正。①要检查职业理想是否有偏差。②要检查自我认识是否有变化。③要检查自己所处的环境是否有变化。④要检查职业目标定位是否合理。⑤要检查措施是否落实。

(2)检查的步骤:①对计划执行情况进行检查,确定哪些目标已经按计划完成,哪些目标尚未完成;②对未完成目标进行分析查找原因及发展障碍,制订相应的解决障碍的对策和方法;③依据评估结果对下一阶段的计划进行修订与完善。

(3)检查的形式

1)自我检查。定期自我检查规划落实的情况,是职业生涯规划管理的重要手段,检查是否按计划的时间进度执行,各环节是否存在问题,如何解决;检查是否按期完成计划,达到预期效果,是否需要完善和提高。自我检查可以结合自己的周计划、月计划展开。制订下周、下月计划时,可以先回顾本周、本月计划落实的情况,能看到成绩并发现问题,达到自我激励和鞭策的目的。古圣人曾说过:"吾日三省吾身"。自我评估、自我监督,是自我管理、自我约束的有效形式,是形成自重、自省、自警、自励的主要途径,是追求职业生涯成功的必要保证。

> **重点提示**
>
> 自我管理是一种动态管理。在人生不同的阶段,你要经常反思自问,我有什么职业理想还没有实现?我有宏伟的梦想,但是不是盲目的热情?我有与命运拼搏的决心,但有没有面对恐惧的勇气?我有信心、有机会,但有没有智慧和能力?我相信自己自信,但有没有面对顺境、逆境都可以恰如其分行事的能力?

2)请人督促。再自觉的人,也难免会有失误,更何况人往往有惰性,没有按计划实施行动,当自我激励和督促不能达到预期效果时,我们还可以请身边的同学或朋友监督自己,双方约定,通过互相提醒达到双赢的目的。当然,也可以请老师来督促,这也是帮助自己执行学习计划的好办法。在校时尊敬师长,工作后尊重领导,善于和有经验的人沟通,并获取他们的帮助,有利于个人的职业生涯发展。

3)依靠班集体的力量规范自己的行为。集体是许多人组成的有组织的整体。人生活在集体之中,各成员之间不仅有共同的目标、共同的利益和活动,而且彼此之间联系密切。在集体中,各成员之间是稳定合作和相互友爱的关系。正因为如此,我们要依靠集体的力量,在同学的帮助下,更好地规范自己的行为,让自己的职业生涯规划更有执行力。

案例

小东的懊悔

小东进入卫生学校后,对自身条件和社会环境条件进行了评估,为自己做出了合理的职业定位,确立了适合自己的职业目标,并且为实现这个目标制订了相应的计划和措施。但由于她只是为了完成老师布置的任务,并未真正明白自己为什么要做规划,因此她所做的规划便成了摆设,没有按照制订的计划去实施。三年很快就过去了,同学们大都顺利地通过了护士执业资格考试,走上了护理岗位,小东却因为没有完成学业而不能如期毕业。想想已经成为护士的同学们,小东为自己没有管理好职业规划而深深懊悔。

思考:你会重蹈小东的覆辙吗?

三、珍惜校园时光,为职业发展打好基础

随着社会发展和科技进步,新职业、新技术、新工艺不断出现,传统的职业、技术、工艺相继消亡。一个人一生只从事一种职业的可能性越来越小了,中职生必须树立终身学习的观念,在校期间要珍惜美好的时光,养成自学的好习惯,不断学习新的知识和技能,为职业生涯的可持续发展奠定基础。

(一)学习文化知识,练就专业技能,为职业生涯发展打下坚实基础

学习与专业相关的文化知识、专业基础知识,提高方法能力和解决实际问题的能力;学习专业技能,提高专业实践能力。

(二)全面提高综合素质和职业能力,成为本专业准职业人

综合素质和职业能力是求职就业的基本条件,是胜任职业岗位的基本要求,也是取得社会认可,谋求更大发展的根本。

> **知识链接**
>
> 职业能力是人们成功完成职业活动所必须具备的多种能力的综合和心理特征的总和,包括胜任某种职业必须具备的能力,如任职资格;职业生涯开始后具备的能力,如职业生涯管理能力。

(三)参加各种社会实践和各种专业相关的职业活动,提高综合实力

学生在校期间,不但要储备专业知识、专业技能等硬实力,还要锻炼自己的社会适应能力、自主创新能力、团队协作精神和与人交往能力等。我们要通过社会实践、第二课堂、技能竞赛等多种渠道锻炼培养自己的软实力。特别是要多参加社会实践活动,培养自己的社会责任感,增强团结协作意识,提高处理问题、解决问题的能力。

第二节 审时度势调整职业生涯规划

俗话说:"计划赶不上变化快。"随着社会经济的发展,社会对各行各业人才的要求也在变化。外部条件的变化既会给从业者发展目标的实现带来困难,也会给职业生涯发展带来新机遇,每个从业者必须正视现实勇敢地面对挑战,要善于把握机会不失时机地调整发展目标,根据新目标有的放矢地提高自己,用自身素质的提高来适应外部条件的变化。

一、适时调整规划的必要性及原则

(一)适时调整规划的必要性

1. 调整职业生涯规划是社会发展的需要 职业状况与经济、社会的发展水平密切相关,科学技术的进步推动着职业的变迁。当外部条件变化导致职业发展目标难以实现时,从业者就必须及时调整目标和措施。影响职业生涯规划发展的外部条件大概有四类:①经济形势和产业结构的调整行业发展形势的变化和技术、工艺更新;②从业者在单位人际关系发生变化;③因用人单位需要,产生岗位职务的变迁;④新的发展机遇出现。

当今社会,科学技术迅猛发展,改变着个人的生活方式和企业的运作模式,在这个变革社会里,没有一成不变的事物。随着社会的发展,科学技术的职业发展的外部条件也会发生变化,今天最热门的技术,明天就有可能无人理睬,今年时髦的职业,明年就有可能被打入冷宫。中职生要想最终实现自己的职业理想,在职业生涯规划时必须紧跟时代的发展,与时俱进,灵活调整职业生涯规划。

2. 调整职业生涯规划是个人发展的需要 学生在校期间的职业生涯规划,是在职业理想萌动与对职业认知,进而在职业目标初步确立的基础上完成的。在校期间通过接受专业教育,会在道德品质、行为习惯、知识、技能、阅历、价值观、性格等方面发生变化,家庭经济状况也会有所改变,这些变化也需要我们对规划进行相应的调整。所以职业生涯规划既要有必要的稳定性也要有必需的灵活性,要根据外部条件和自身变化与时俱进地调整发展目标和措施。

案例

从央视主持到阳光卫视的当家人

杨澜是北京外语学院的学生,20世纪90年代初央视《正大综艺》节目在全国招聘主持人。

杨澜以其清新朴素的风格和落落大方的台风脱颖而出，成为央视综艺节目主持人。四年后，在她主持生涯高峰之际，杨澜急流勇退，辞去央视工作，远赴美国就读国际传媒专业。这期间，她与上海东方电视台合作《杨澜视线》专题节目，杨澜借此机会实现了从节目主持人向复合型传媒人的过渡。

1997年杨澜回国加盟凤凰卫视中文台，在凤凰卫视的两年，杨澜采访了120位名人，这些重量级人物构成了杨澜未来职业发展的一部分。她不仅积累了各方面的经验和资本，同时也预留了未来发展的空间。2000年，杨澜收购了良记集团并更名为阳光文化网络电视控股有限公司，2001年"阳光文化"接手新浪网，开创了网络和电视相结合的时代。

故事启示：杨澜的成功，虽然是名人调整职业生涯的案例，但是也从不同的角度告诉我们，一个人在人生发展不同的时段，根据自身的特点和优势，抓住机会、修正职业发展目标从而及时调整自己的职业生涯规划是非常必要的。

(二) 职业生涯规划调整的原则

职业生涯规划的调整要量力而行，权衡条件，善于反思，调整的目的是让规划更适合自己，也更适应社会，因此，要遵循以下原则。

1. **目标迁移原则**　最初的规划可能因国家政策或自身条件的变化而发生改变，这种改变会使学生的职业目标发生变化，因此要根据目标变化情况对职业生涯规划进行调整。

2. **人-职相适原则**　随着职业生涯规划的实施，专业目标和个人的执行力也可能发生变化，使原方案需要调整，但需要注意的是在调整过程中仍要坚持人-职相适应。

3. **需求导向原则**　职业生涯规划就如同产品的加工，产品有市场，才有生产过程存在的必要。中职生在调整职业生涯规划方案时，要从实际出发，以用人单位的需求为目标，遵循需求导向原则。

4. **人尽其才原则**　职业目标只有建立在个人优势的基础上，才能处于主动而有利的地位。学生要根据自身的特点对职业生涯规划进行调整，遵循人尽其才的原则。

二、把握职业生涯规划调整的时机

机会如白驹过隙，一闪而过。只有目光敏锐，勇敢果断者才能发现并抓住它。把握职业生涯的调整时机，是实现职业生涯发展目标的关键。对初次走上工作岗位的中职毕业生而言，职业生涯规划调整的两个最佳时期是毕业前夕和从业3~5年。

(一) 毕业前——实习过程中的调整

中职学校的学生，调整职业生涯规划的第一个最佳时机是在实习过程中。在这个时期，中职生常会感到在入学时所制订的职业生涯规划与现实有一定的距离，甚至相差甚远，其主要原因是：①在初次进行职业生涯规划时，对本专业人才市场不够了解，对就业形势估计不够，规划的制订存在很大的盲目性，过于理论化，缺乏实际验证；②经过在校学习和生产实习，就业环境和本人都有了较大的变化，视野开阔了，自身条件、外部环境和最初的职业生涯规划设计时有了新的变化；③由于还没有就业，自己还没有完成从"学生"到"职业人"角色的转换。

如果是前两个原因，就应依据实际认真调整职业生涯；如果是第三个原因，说明规划并没有脱离实际，只是自己没能及时完成角色转变，就应该加快适应社会的步伐，等完成角色转变后，再考虑是否调整生涯规划。

(二)从业初期——工作3~5年的调整

从业初期,在工作3~5年调整职业生涯规划是合适而又成熟的时机。

1. 初次就业存在盲目、随大流的情况,很难找到十分适合自己的职业,如今,就业市场的供求变化为重新择业提供了可能。

2. 经过一段时间的工作实践,发现目前的工作的确不适合自己,同时又很难按现在的岗位要求再次调整自己。

3. 有了一段从业的经历后,对社会和自身有了重新的认知,职业价值观发生变化,对新的职业发展目标有了追求。

4. 发展的外部条件有了变化,如单位的人事关系、人际关系发生了变化。

案例

李靖为什么调整职业生涯规划

李靖是一名卫生学校毕业的护士,2000年毕业后一直在一家市级医院做护士,由于勤奋刻苦、业务过硬深得患者的好评。2005年下半年,随着时间的推移和经验的积累,李靖觉得职业发展瓶颈出现了。她所工作的医院是一家市区大医院,人才济济,个个都是能人,李靖感觉自己在这里没有太大的舞台,于是她又开始了自己的职业生涯规划。恰巧一家社区医院招聘护士长,于是她毅然选择到了一家社区医院做护士长。李靖认为自己的发展是个良性的过程,"因为我对自己很了解,每个选择都要更进一步"。工作岗位的变换让她迅速成长,使她获得了前所未有的满足感。

三、调整职业生涯规划的方法

(一)重新审视自己

为了更科学地调整职业生涯规划,求职者需要沉下心来,扪心自问:我的一般兴趣是什么?我的核心兴趣是什么?我的一般能力是什么?我的特殊能力是什么?我能干什么?我能干好什么?我要怎么做?是勇往直前还是另辟蹊径?通过自我条件的重新剖析,重新确定自己的职业发展目标,并制订实现目标的阶段性计划及实施的措施。

重新剖析不同于第一次进行职业生涯规划时的"分析发展条件",它具有特殊意义。

1. 重新剖析是在总结职业活动实践经验的基础上进行的 入学不久的中职生进行的发展条件分析,往往和现实存在一定差距,在经过一段时间的职业实践后,会对职业发展的目标及上升的空间有了明确的认知,对自身条件也有新的了解和认识,从而更有利于调整原来的目标。

2. 重新剖析是在有了新的发展目标或者对原有规划已经有调整方向的前提下进行的 中职学生初次进行职业生涯规划时,应强调先分析发展条件,后确定发展目标,以避免因涉世不深而犯"眼高手低"的错误。对于那些已经有求职体验或实践经历的学生来说,进行职业生涯规划调整时重新剖析自身条件,是为了检验初定目标是否符合实际。

(二)重新评估发展机遇

机会总是留给有准备的人的,留给能看见机会并及时抓住机会的人。职业生涯规划的调整除了要重新审视自己、自我剖析,更重要的是要重新分析自己面临的就业形势和环境对职业生涯发展的影响,分析当前的经济形势、社会发展趋势及所从事的职业在社会中的地位,分析自己所在企业的内外部环境、人际关系等因素,发现机遇,顺应时势,迎接挑战。

自身条件重新剖析和发展机遇重新评估,是在对原来发展条件分析的基础上进行的,掌握的方法和材料都有基础更有针对性。

中职学生初次进行职业生涯规划时,对发展机遇的分析大多是依据间接获得的资料,在调整职业生涯规划时的发展机遇重新评估,不但已经掌握了许多第一手资料,而且已经有了职业亲身体验,对发展机遇重新评估,对就业环境进行再分析会更客观、更具体,对"干什么""什么可以干"的职业目标更加明确,增大了职业生涯的成功概率。

(三)修正职业生涯规划

重新审视自己进行自我剖析、重新评估发展机遇归根结底是为了更好地、更科学地修正职业生涯规划。经过自我审视和自我剖析后,在明确"我为什么干"的基础上,求职者会看到自己的优势,明确自身的差距,这时就要及时调整目标,并重新审视自己的发展措施是否可行,根据变化重新制订自己的发展措施。只有目标明确,措施可行才能实现职业理想。

1. 职业生涯发展目标的修正　对新目标初步确认,并提出新的任务。对职业生涯发展目标的修正更侧重于目标的价值取向,已经有实践经验的毕业生与在校学生相比,发展目标的价值取向不再是虚拟的、遥不可及的,而是实实在在的。选择更加适合自己的发展方向和目标是调整职业生涯规划的关键。

2. 职业生涯发展措施的修订　职业生涯规划的核心内容是科学、务实、能激励自身奋发向上的目标和严谨、周密的措施,这也是评价职业生涯规划优劣的主要标准。在职业生涯规划调整阶段,通过"干得怎么样""应该怎样干"的自我审视,根据修订后的长远目标和阶段性目标,制订新的计划措施。

> **重点提示**
>
> 职业生涯规划四个步骤再循环的过程,实际上就是职业生涯规划的调整过程,再循环是根据现有的自身条件和发展机遇对原规划的回顾、反思和再创新。

第三节　科学评价规划,促进职业生涯发展

我们不仅仅要对职业生涯规划进行精心管理,适时调整,同时我们也要对自己的职业生涯规划进行科学的评价,评价是促进职业生涯发展的重要环节。因为只有通过衡量、评定规划的价值,进一步发挥职业生涯规划对自我发展的激励功能,才能有一个良好的职业生涯开端和高质量的职业生涯发展。

一、多元化的职业生涯评价观

随着改革开放的深入,国民经济文化的繁荣发展,人们的价值观逐步走向多元化,职业生涯规划评价观也趋于多元化。

> **知识链接**
>
> 一元化的职业评价观是一种认为衡量职业成功在于财富或地位的职业生涯评价观。这种成功观有很多的局限性,既让个人不可避免地有职业挫败感,也对企业和社会产生不利影响。

不同的人对成功有着不同的理解。有人认为,成功就是成就了事业,有人认为事情达到了预期效果就是成功。个人的价值观不同,职业需求不同,职业生涯目标各异,对职业生涯成功的定义不同。对有的人来说,成功意味着一定数量的金钱和财富;对有的人来说,成功意味着较高的社会声望;有的人可能认为成功就是拥有名车豪宅、如意的伴侣和聪明健康的孩子;有的人或许将成功定义为内心的感受,如和谐工作环境带来的愉悦感,职业成果带来的成就感,帮助别人带来的满足感等。同一个人在职业生涯规划的不同阶段,对职业生涯规划成功的理解也会有变化,每个人都可以定出自己的职业生涯成功标准。

职业发展成功是个人职业发展追求目标的实现。职业发展成功的含义因人而异,具有很强的相对性。成功没有统一的标准,但是,每个人都应当有自己明确的成功标准,并时时用这个标准来检验自己的行动。事实上,一般只能对事情本身做成败分析,而不宜用成功与否来衡量一个人。对司机来说,正点、安全的行驶是他最大的职业成功;对教师来说,看到学生健康成长、学有所成是他(她)最大的自我价值实现。其实,每个人都有自己成功的一面,就看你衡量职业发展成功的标准是什么。

医疗卫生事业是神圣的事业,医护人员未来承载着救死扶伤、消除疾病、维护健康的伟大使命,他们的职业生涯成功观是人生观和价值观的集中体现。医护人员要牢记自己的誓言:坚定地以救死扶伤、解除患者的病痛为职业生涯成功的基本标准和行动的指南。

二、评价职业生涯成功的形式

每个人都可以对自己的职业生涯成功下定义,职业生涯成功意味着什么?对有的人来讲,成功可能是一个抽象的、不能量化的概念。例如觉得愉快。在和谐的气氛中工作有工作完成的成就感和满足感。在职业生涯中,有的人追求职务的晋升,工资的提高,有的人追求工资实质内容的不断丰富。其实,职业生涯成功真正的意义不仅仅体现在职业内,而且还体现在个人、家庭、组织、社会平衡方面。评价职业生涯是否成功,要审视全过程,即按照发展条件、发展目标、发展台阶、发展措施四个环节的顺序,审视各个环节的现实性、激励性,而不是只看结果。

(一)如何评价职业生涯是否成功

从个人角度看,由于每个人的职业价值取向不一样,对职业生涯成功的追求不一样,所以对职业生涯发展评价的要素也不同。然而,作为一个职业人,在评价自己的职业生涯发展是否成功时,如果单从自身的角度或个人的追求来做出成功与否的判断,至少是片面的或不准确的。

1. 评价职业生涯成功的形式　对职业生涯发展的评价,必须结合个人、家庭、组织及社会等因素综合考虑。从人际关系的角度,可以把职业生涯发展的评价标准分为自我评价、家庭评价、组织评价和社会评价四类。一个人的职业生涯发展,如果能在这四类评价中都得到肯定,则其职业生涯才是成功的。

(1)自我评价:自我评价是本人根据个人价值观和个人知识水平,对自己短期目标实现与否的评价。主要包括个人的才能是否得到发挥;对自己的职位、待遇是否满意;自己对组织发展、社会发展做出的贡献是否满意;个人的职业生涯发展与生活的关系是否满意等。

(2)家庭评价:家庭评价主要是父母、配偶、子女等家庭成员,根据家庭文化氛围对个体做出的评价,主要包括个体是否被理解;能否给予个体支持和帮助。

(3)组织评价:组织评价主要是上级、下级、同事等根据组织或企业文化和经营结果,对个体做出的评价,主要包括能否得到下级的赞赏,上级的肯定和表彰;是否有职称、职位的提升或职责、权利范围的扩大。

(4)社会评价:社会评价主要是社会舆论和社会组织,根据社会认可的习俗对个体进行的评价,主要有是否得到社会舆论的支持和好评;是否得到社会组织的承认和奖励等。

> **重点提示**
>
> 在制订、调整和评价自己的发展规划时,要考虑自身条件、发展机遇和价值取向等因素,从能否促进职业生涯发展的角度来评价。

2. 职业生涯发展要和社会发展相一致　评价职业生涯成功与否还要看是否与社会发展相一致,是否经得起历史的考验。

(1)职业生涯发展是否符合社会发展趋势,满足社会需要。

(2)职业生涯价值观取向是否正确,也就是我们常说的干什么最值得。

(3)个人专业技能是否与职业结合。

(4)是否挖掘了个人的职业优势。

抗日名将吉鸿昌曾说过:"路是脚踏出来的,历史是人写出来的,人的每一步行动都在书写自己的历史。"一个人不但生活在社会里,而且与社会发展有着千丝万缕的联系,个人不但通过职业活动书写自己的历史,也在不同程度地创造着人类历史。所以,对职业生涯发展的评价,必须与社会发展相一致。职业生涯的成功,不但意味着个人才能的发挥,而且必须为推进人类社会发展做出贡献。因此,我们在自己的职业生涯发展过程中,要认真思考自己为职业生涯成功所做的努力,是否与社会发展趋势一致,是否与时俱进。

(二)职业生涯成功的外化表现

职业生涯的成功能使人产生自我实现感,从而促进个人素质的提高和潜能的发挥。

1. 健康的身心,高尚的品德　身心健康是职业成功的必要条件,也是职业成功的评价标准之一。高尚的品德则是一切成功的前提条件和衡量标准。做事先做人。如果一个事业成功的人,不是一个品德高尚的人,那他就不会得到他所处的社会的认可,也只能是一种自我标榜的成功,并不是真正意义上的成功。

2. 和睦的家庭,和谐的人际关系　家庭是社会的组织细胞,它与个人职业生涯的每一个发展阶段相联系。寻求家庭与职业的平衡是每一个职业人所希望的,以牺牲家庭和谐为代价的职业成功根本就不能算作成功。麦考林 CEO 顾备春先生曾说过一段令人感动的话:其实,成功与否,钱多少,职务高低并不是衡量职业成功的标准,一定还要有家和生活的成功才可以算作真的成功。

3. 胜任本职工作,取得成就　胜任工作并不是取得职位升迁的代名词,按时、保质地完成本职工作就是一种工作业绩的表现。比如，火车司机的职责就是安全、准点将旅客和货物运送到目的地，而不是当铁路局长。

4. 发挥自身潜能，超越自我　最大限度地发掘和发挥自身的潜能，超越自我，创造性地工作并取得成绩，是职业成功的标志，也是个人生存需要满足度自我评价的标准。

三、中职生如何评价自身的职业生涯规划

(一)评价职业生涯规划的目的和原则

评价职业生涯规划的目的，是通过衡量、评定规划的价值，进一步发挥职业生涯规划对自我发展的激励作用，为自己能够有一个良好的职业生涯开端和科学的职业生涯发展服务。在对自己的职业生涯规划评价时，要围绕能否促进职业生涯的可持续发展进行，有以下两方面原则。

1. 从实际出发　主要是考虑近期目标和长远目标是不是适合自己，有没有实现的可能，制订的各项措施能否落实，能否让自己不断感受到成功的喜悦。职业生涯规划必须具有可操作性，有实现的可能性。

2. 有激励性　主要考虑阶段目标、长远目标以及发展措施能否不断地激励自己努力拼搏、奋发向上，能否经常督促自己珍惜时间、养成良好的习惯，能否不断提高自己实现发展目标的自信心。

(二)职业生涯发展目标评价的主要内容

评价可以参照各类短期、中期的预定目标和实际结果对比进行。一般来说，任何形式的评价，都可以归纳为自身素质和行为对现实环境的适应性判断，分析自己的实际情况，特别是针对变化的环境，找出偏差所在，并做出适当修正。

1. 抓住最关键的点　人们常说，牵牛要牵牛鼻子。因为牛鼻子是牛的关键部位，只要牵住牛鼻子，牛就乖乖地跟你走了。在评价过程中，我们也没有必要面面俱到，而是要抓住一两个关键的目标和最主要的策略方案进行追踪。在职业生涯发展的某一阶段，总有一个最重要的目标，其他目标都是指向这个核心目标的，完全可以通过优先排序，重点评价这个可能达到核心目标的主要策略的执行效果。

2. 提炼出最新的需求　针对变化了的内部、外部环境，要善于发掘最新的趋势和影响。对于新出现的变化和需求，要及时采取最有效而且最有新意的策略。

3. 寻找最容易的突破口　如果你做了一道难解的数学题，你会绞尽脑汁，尽量想办法找出这道题的关键所在(突破口)。当找到突破方向有时候，在某一点上获得突破性的进展，将使整个局面发生意想不到的改变。在评价职业生涯发展规划的时候，寻找突破口非常重要，它是解决问题的基础。

4. 关注薄弱点　在评价过程中，我们要肯定自己取得的成绩与长处，但更重要的是结合变化的环境条件，发现自己的素质与策略中的"短木板"，然后想办法进行修正，或者把这块短板抽换掉，或者接补增长，只有如此，职业生涯这只"桶"才能有更大的容量。

知识链接

如果有一只沿口不齐的木桶,其容量的大小,是取决于最长的那块木板,还是取决于最短的那块木板呢?这就是木桶效应。一只木桶想盛满水,就必须每块木板都一样平齐且无漏洞,如果这只桶的木板中有一块不齐或者某块木板下面有破损,这只桶就无法盛满水。也就是是说,一只木桶能盛多少水,并不取决于最长的那块木板,而是取决于最短的那块木板。可称为短板效应。

(三)职业生涯发展目标评价中存在的误区

1. **不从实际出发,过高估量自己的能力** 不少人认为:"不想当将军的士兵不是好士兵。"其实,在现实生活中,将军的位置很少,如果大家的目标都是当"将军",那么这种主观愿望就会与客观条件产生差距,使你的计划在执行时遭遇许多挫折。因此,职业生涯目标评价要从实际出发。

2. **发展目标不明确** 有些学生进行职业生涯规划时希望将来成就一番事业,但不喜欢所学的专业,又没有找到适合的专业,很盲目。究其原因,主要是这些学生在入学前对自己了解不够,没有深入地思考自己到底适合做什么,以至于出现学习目的不明确、学习动力不强的现象。

3. **目标相互矛盾** 有些学生的兴趣不在所学专业上,在这种状况下常常会感到无所适从;也有的学生分不清主次,盲目跟风;有的学生干部没有处理好学习和工作的关系,有的学生为考某一科目而严重影响了其他学科的成绩等。这些问题的出现主要是没有将目标系统化,分不清主次,没有一个逐步实现目标的计划,以至于出现了本来综合素质很高的学生,由于学业成绩不理想而影响职业生涯发展的现象。

4. **忽视家庭支持的作用** 有的学生总感觉自己是大人了,不愿意亲人过问自己的学习、工作,觉得没有必要让亲人了解自己的职业生涯规划,这是狭隘的想法。实际上,家庭的支持对于个人的成功十分重要。因为父母大多都是职业人,他们在职场上拼搏多年,有丰富的职业生涯经验。有许多成功人士的父母就是他们职业生涯成功的领路人。

(四)评价职业生涯规划的方法和形式

1. **评价方法** 评价职业生涯规划的目的是督促自己发展,引导自己获得职业生涯的成功,在对自己的规划进行评价时,可以采用以下两个方法。

(1)按设计过程进行评价:即按职业生涯规划的发展条件、发展目标、发展阶段和发展措施等4个环节,审视各环节的现实性、激励性。

(2)重点检查近期目标与发展条件相匹配的程度:即检查与职业准备期、职业选择期和职业适应期有关的各项目标、措施及其现实性和激励性。

2. **评价形式** 对职业生涯规划进行评价,主要有自我评价、集体评价和老师评价3种形式。

(1)自我评价:是职业生涯规划评价的基础。自我评价时,除了按照上述方法进行整体审视、重点检查规划的内容外,还要回顾自己在学习"职业生涯规划"课程以及在编制自己的职业生涯规划的过程中,有哪些提高和不足,要通过自我评价了解自我、激励自我。

(2)集体评价:是完善职业生涯规划的保证。在开展小组或班级评价时,一方面,被评价者要鼓励同学们积极评论,认真倾听同学们的建议;另一方面,评价者在评价别人的职业生涯规划时,既要积极提出修改建议,更要发现被评者在学习"职业生涯规划"课程的过程中所取得的进步。集体评价的过程,是相互帮助、相互激励的过程。

(3)老师评价:是修订职业生涯规划的导向。不要过分看重分数或等级,而应该重视老师对发展规划本身修改的建议,重视老师对我们在规划自己的职业过程中取得进步的评语。

总而言之,适时对我们的职业生涯规划进行科学评价,能让我们在职业生涯发展过程中高瞻远瞩、少走弯路,走一步上一个台阶;能使我们的学习和工作有既定目标,有落实措施,又有与时俱进的修正调整,从而促进自身知识和能力的可持续发展,促进职业生涯规划发展目标顺利实现。

讨论与思考

1. 职业生涯规划管理的含义是什么?
2. 职业生涯规划管理有什么意义?
3. 职业生涯规划执行实效检查的内容与形式各是什么?
4. 职业生涯规划调整的必要性、时机和方法是什么?
5. 职业生涯成功评价形式和职业生涯规划评价形式各有哪些?

(杨洁玉)

《职业生涯规划》数字化辅助教学资料

一、网络教学资料

1. 网址 www.ecsponline.com/topic.php？topic_id=29

2. 内容

(1)教学大纲及学时安排

(2)教学用PPT课件

二、手机版数字化辅助学习资料

1. 网址(二维码)

2. 内容

(1)知识点/考点标注及正确答案

(2)练习题:每本教材一套,含问答题、填空题、选择题等多种形式

(3)模拟试卷

三、相关选择题答案

第1章　绪论

1. A　　2. C　　3. B　　4. D　　5. C

第2章　职业与职业素质

1. C　　2. BCD　　3. B　　4. A　　5. D

第3章　职业生涯规划与职业理想

1. BC　　2. ACG　　3. ABCD　　4. AC

第4章　职业生涯规划基本理论

1. A　　2. D　　3. C　　4. A　　5. B　　6. B

第5章　影响职业生涯规划的因素

1. D　　2. C　　3. D　　4. B　　5. C　　6. D　　7. A　　8. C　　9. A　　10. D

11. AB　　12. CEF　　13. A　　14. C　　15. ABD　　16. BC

第6章　职业生涯发展规划的制订与实施

1. C　　2. B　　3. C　　4. D　　5. B　　6. A　　7. D　　8. D　　9. D　　10. C

11. C　　12. C　　13. A　　14. D　　15. D　　16. C　　17. B　　18. D　　19. D　　20. C

第7章　职业心理与职业个性

1. C　　2. A　　3. B　　4. ACD　　5. BC

第8章　职业生涯发展与就业、创业

1. BCD　　2. ABC　　3. ACD　　4. A　　5. ABCDE　　6. BCD　　7. BCDE

第9章　职业生涯规划的管理与调整

1. D　　2. C　　3. B　　4. C　　5. D　　6. ACD